图书在版编目（CIP）数据

万翠抱珠：柳州中渡古镇 / 朱英玉著 . -- 桂林：漓江出版社，2025. 3. --（广西村落文化丛书）.

ISBN 978-7-5801-0197-6

Ⅰ. K296.75

中国国家版本馆 CIP 数据核字第 2025SR1973 号

万翠抱珠——柳州中渡古镇

WANCUI BAO ZHU——LIUZHOU ZHONGDU GUZHEN

作　　者　朱英玉

出 版 人　梁　志
项目统筹　何　伟
特约编审　宋安群
特约组稿　廖明君　庞　白　胡小安
项目协调　霍　丽　黄　圆　吴　桦
责任编辑　李　慧
装帧设计　周泽云　曾　意
营销编辑　陈　睿　于媛媛　俞方远
责任监印　杨　东

出版发行　漓江出版社有限公司
社　　址　广西桂林市南环路 22 号
邮　　编　541002
发行电话　010-85891290　0773-2582200
邮购热线　0773-2582200
网　　址　www.lijiangbooks.com
微信公众号　lijiangpress

印　　制　广西民族印刷包装集团有限公司
开　　本　880 mm × 1230 mm　1/32
印　　张　6.125　插页 1 页
字　　数　120 千字
版　　次　2025 年 3 月第 1 版
印　　次　2025 年 3 月第 1 次印刷
书　　号　ISBN 978-7-5801-0197-6
定　　价　38.00 元

榕荫古渡的时光放慢了流速，
只为等你的到来。

朱英也

中渡古镇示意图

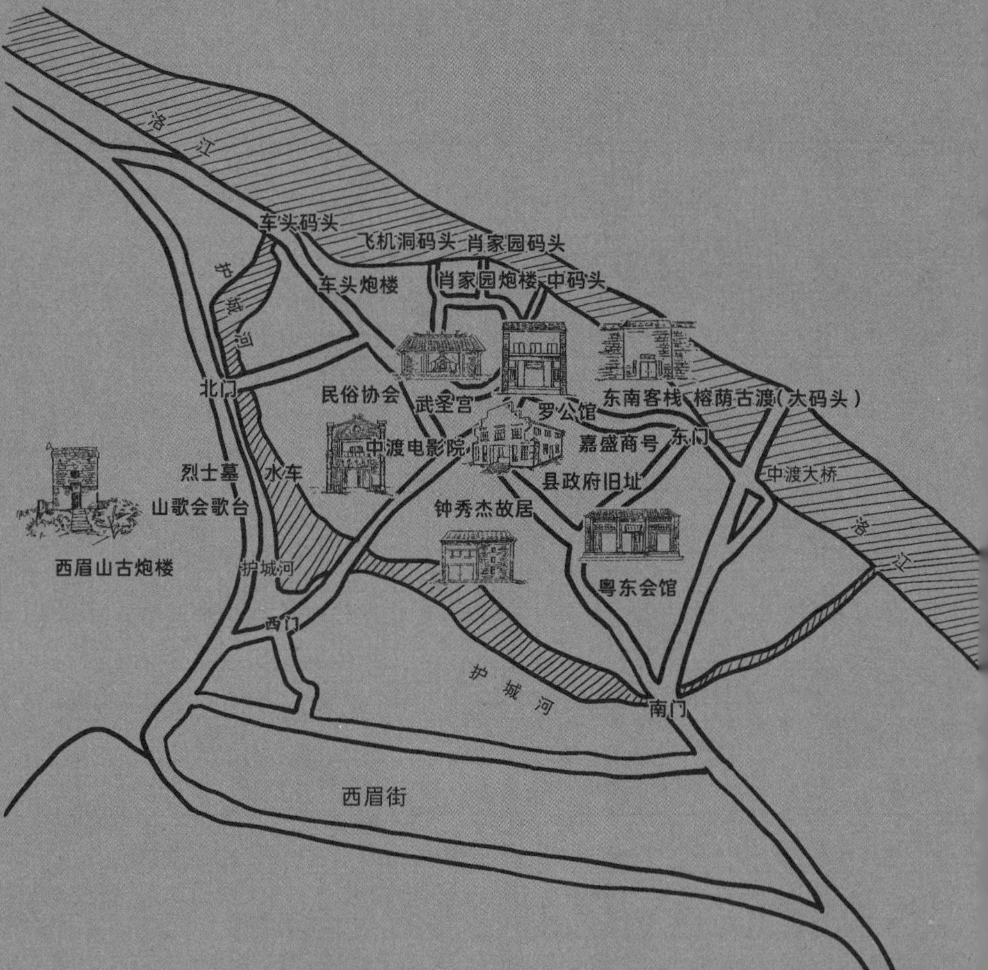

黄璐霜 / 绘

中渡小传

清冽的洛江由北向南流经柳州市鹿寨县中渡镇，甘露般的江水孕育滋养着这个拥有1700多年历史的古镇。依西眉山而建，临洛江而栖，拥有众多古渡口的中渡，衍生了独具一格的渡口文化。

中渡在明清时期既是连通桂、粤、黔商路的经济重镇，又是重要的军事据点，曾被誉为“四十八弄的明珠”。随着时代的发展，如今的中渡已不再是繁华的商道，但秀美的自然景观、文化底蕴深厚的人文景观，以及千姿百态的喀斯特地貌景观，仍让其静静地焕发珍珠般的光彩。武圣宫、粤东会馆、钟秀杰故居等明清古建筑，刻下了古城的历史印记；古渡榕荫、城隍庙会、和家宴，承载着中渡人的乡愁；香桥仙境、响水涌泉、鹰山挂月等中渡八景，山光水色，令人流连。

2014年，中渡入选中国历史文化名镇名村名录。2016年，中渡被评为第一批中国特色小镇。

总　序

广西壮族自治区地域广阔，山海相望，河流纵横。在这片南疆大地上，各族人民融洽相处、团结一致、积极用世，共同建设栖居之地和精神家园，形成诸多迄今为止仍全部保留或部分保留着农耕文明基因的村寨及乡镇。以农民为主体的乡土文化，与精英文化、市井文化长期互相依存，在孕育各具形态的社会生活的同时，各美其美，互相映耀，成为建构光辉灿烂的中华文化的丰富资源，承载着国人共同的历史记忆。逢此盛世，包括少数民族文化在内的乡村文化，劲挺焕发出蓬勃的朝气和活力，与城市化的进程同步，在继承往日传统的基础上，依据自身当下的条件，不息创设着具有自己特色的文化生活，呈现出生机勃勃和丰富多彩的文化事象。

在广西壮族自治区党委的领导下，经过多年努力，包括传统民居在内的广西大量历史建筑得到较好保护，形成了规模较大、内容和价值较丰富、活态传承的农耕文明遗产保护群。截至2024年，广西入选国家级、自治区（省）级“传统村落”“历史文化名镇名村”“少数民族特色村寨”“美丽休闲乡村”等名录的村落，合计超过800个（次）。这些具有地域特点、民族特色的乡土村落，是广西优秀文化的一部分，是中华民族共同体的瑰宝，是值得继续传承、有待不断开发的物质资源和精神资源。

习近平总书记先后指出，“乡村文明是中华民族文明史的主体，村庄是这种文明的载体”，“乡村振兴，既要塑形，也要铸魂”。重塑乡土文化，建设乡村精神家园，筑牢乡村振兴之根，确保乡村社会的持续稳定发展，既有重要意义，也是现实需要。

为贯彻落实党的二十大精神和习近平文化思想，广西壮族自治区党委宣传部指导策划，广西出版传媒集团组织漓江出版社的编创团队出版“广西村落文化丛书”，重点对广西村落的发展历史、建筑风貌、民居样态、民众生产生活方式、文化艺术结晶和民族地域特色等进行系统梳理，挖掘、整理蕴含在村落中的最具感染力、传播力的文化元素。本丛书被列入广西优秀传统文化出版工程，以区内20个秉具特色的村落为载体，书写中华文明史上的广西篇章、广西故事。

“广西村落文化丛书”推出的村落，基本上是迄今为止仍全部保留或部分保留着农耕文明基因的村寨或乡镇。所谓特色，指承载有乡土文明、地理特点、民族特性、历史意义，以及物质、社会和精神文化优秀传统的特征。这些特征涵盖了历史、政治、经济、教育、文化、自然、地理等方面，以及与此相关的发展脉络、山水风光、村落景象、公共设施、历史人物，乃至具体的商埠、街巷、建筑、物产、民俗、节庆、歌谣、饮食、服饰等，对它们的书写都是挖掘“村落文化”的题中应有之义。不同地域的物产资源与气候条件，决定着不同地域适宜人居的村落形制；不同的民族村落，又折射出不同民族的文化精神与审美情趣。

本丛书遴选的村落，覆盖广西14个设区市，涵括广西的四大古镇，包含汉、壮、侗、苗、瑶等多个民族特色村寨，选入少量独具广西特色的仫佬族、毛南族、京族村落，同时兼顾文旅基础好、广西文旅部门重点打造的村落。为踏实求真地完成这套丛书，作者们大量查阅典籍、方志，多次实地调研、访谈，多以“准史志”的严谨文字来写作，偶有散文笔调的呈示，也意在使史实的叙事轻快鲜活，为读者理解文本而创设情境。诚然，20个村落的丛书叙事难说全方位地反映了广西村落文化面貌，但由于每个村落都是一个“小世界”，其形貌、特性各有不同，故一定程度上仍可说，丛书不啻是广西异彩纷呈的地域文化和民族村落特色的缩影。因之，这些村落就不只是某个市县的地理乡镇，也不只是某个作者个体视角的村落印象，而是基于现实的记史、纪实的乡土影像，是包含了地理环境、历史脉络、文化积累和当下关注的宏大画卷。

本丛书兼顾历史性和当下现实关怀，既溯及村落们的过往，也描绘其当今的发展状况，蕴含着浓烈的时代精神，呼应了习近平总书记关于乡村振兴的战略思想。广西广大农村的各族群众长期居于乡村，他们热爱乡村、建设乡村，乡间一切物质与精神的积淀，更是注入民众血肉和灵魂的所在。凡是能够世代流传直至今日的良好的村落文化事象，必然是符合民意民情、具有强劲生命活力的，其赓续的功效，无疑地，既体现在精神层面，也体现在物质层面。新时代乡村的建设者，或可从中收获宝贵而又可靠的经验。

目录

前言

文／庞科

中渡古镇是一个完整的生命体。山水环境是她的骨骼，街巷渡口是她的经脉，房屋建筑是她的肌肤，祖祖辈辈劳作在这片土地上的人们是她生生不息的血液。千年的历史在她的身上留下了岁月的痕迹，也赋予了她独特的神韵。我们循着历史的记忆，回到中渡的过去，理解她的文化是怎样一步一步沉淀的；我们踏遍她的山山水水，观察她的一草一木，感受她的美丽风貌是怎样构成的；我们穿梭在她的街巷，抚摸她的城墙、民居，记录岁月在她的身上留下的痕迹；我们立足当下，仰望璀璨的星空，畅想她美好的未来。

中渡是广西历史最悠久的古镇之一。她地处广西四十八岸山区，四周群山环抱，浓荫覆盖，古镇建在群山中的盆地里，周围山川秀美，景色宜人。古镇的历史最早可以追溯到三国时期，三国时代的东吴末帝孙皓甘露元年（265 年），就有屯兵驻守的记载。因其地理位置显要，易守难攻，在其后近 1700 年的历史里，古镇逐渐成为中原王朝防御少数民族起义和地方匪患的重要军事据点。从公共设施到民居的建设，中渡刻上了先人们根据当时的防卫需求留下的许多武备文化的印记，是一座亦兵亦农、能战能防的军事城堡。历经元末少数民族起义、古田起义、太平天国起义等大小战役的冲击，古镇留下了许多极富价值的历史建构物。这些鲜明的文化特色，在广西并不多见，能完整、真实保留下来的，更是寥寥无几。

美国现代“设计之父”沙里宁曾说：“让我看看你的城市，我就能说出这个城市的居民在文化上追求的是什么。”改革开放以来，中国城镇快速发展，城市化水平迅速提高，城镇建设发展迅速。在以资本为主导和经济利益为主要价值取向的发展环境下，城镇历史文化的延续常被放在一个次要的位置。很多小城镇在追求现代化的过程中盲目向大城市看齐，致使城镇空间趋同，城镇文化特色丧失严重，特别是一些历史文化悠久的小城镇，这种文化特色的丧失尤显可惜。20 世纪 80 年代以来，以阮仪三教授为代表的一批专家学者开始了对历史城镇的研究和保护，周庄、同里等一批江南水乡小镇在古镇文化特色得以保留的前提下通过旅游实现迅速发展。近年来，古镇保护和旅游开发的实践很多，取得了一定的成效，但是简单的模仿带来的日益同质化又带来了很多新的问题。在这个背景下，我们重新了解中渡，记录中渡，思考中渡的未来，以期能顺应时代发展，正确处理好保护与发展的关系，加强环境与生态保护。既要避免过度商业化，文化空心化，也要避免由于过度保护带来的僵化和衰败，实现真正意义上的可持续发展，让中渡有自我发展和自我更新的能力。这是历史赋予我们的责任。

我们回看古镇，不是为了过去而过去，而是为了现在而尊重过去。希望千年的中渡能永葆青春，也希望所有像中渡一样的古镇都能找回自己的定位，获得更好的发展！

榕荫古渡

▼中渡镇正好位于洛江边上，有着洛江和洛清江水运中转枢纽的区位优势，在明清时期是繁华的驿道，当时既是连通桂、粤、黔商路的经济重镇，也是军事据点，时人赞为「四十八弄的明珠」。

中渡晚照　中渡镇人民政府／供图

四十八弄的明珠

广西地貌以山地丘陵为主，岩溶山水秀美，喀斯特地貌占全区陆地总面积的37.8%。桂中、桂北大地的层峦叠嶂，就为典型的喀斯特地貌，又称岩溶地貌。

喀斯特地貌，一般泛指由岩溶作用形成的各种地貌。具体地说，是碳酸盐岩、硫酸盐岩及卤盐岩等可溶性岩经具有溶解能力的水溶液作用而形成的一系列独特的地貌。喀斯特地貌可分为地表和地下两种，地表喀斯特地貌有石芽、溶沟、漏斗、竖井、落水洞、天坑、溶蚀洼地、溶蚀谷地、孤峰、峰林、峰丛等；地下喀斯特地貌主要是溶洞和地下河。

广西柳州市的喀斯特地貌组合大致可分为4种类型：峰丛洼地、峰林谷地、孤峰平原和溶蚀丘陵。隶属广西壮族自治区柳州市的鹿寨县，其西北部一带的喀斯特地貌，主要为峰林谷地。

在这一带地表，由石灰岩构成的奇山峻峰拔地而起，形成大片峰丛峰林。峰丛为基部相连、顶部分散成众多单个山峰；峰林则是或分散或集群出现，远观如苍翠叠林。另外还有一些孤峰，在较为开阔的谷地兀立，一般相对高度在几十米至百米之间，山体精巧奇隽，颇有遗世独立的精气神。

鹿寨县西北部一带的峰林谷地区域，正是从前在广西颇有名气的“四十八弄”的一部分。“弄”，可解释为石山间的小片平地，也就是被峰林围绕着的洼地或平坦空地。这里是鹿寨县与融安县、柳城县交界一带的山区，散落着很多村寨，壮、侗、瑶、苗等多个少数民族杂居于此。这片密林山地，被民间称为“四十八弄”，又称“四十八峒”。

关于四十八弄名称的由来，据《中国古今地名大词典》记载，“山岭重叠，谷峒围环，尤以县城至三隍一段最多且险，共有大小四十八处，故名”。在当地民间，也有观点认为“四十八”为虚指，意为很多。

四十八弄的地形环境复杂诡奇，堪比层层叠叠的迷宫，充满着迷离的气息。因其地势险要，历史上，当地农民曾以这一带为据点，进行革命斗争。《鹿寨县地名志》载，清光绪二十七年（1901 年），反清斗争农民武装起义军首领覃老法、陆亚发曾率领五六千人，以四十八弄的最高处油麻弄为根据地，进行抗击清朝统治阶级压迫的斗争。另据史料记载，1925 年，有“小诸葛”之称的新桂系将领白崇禧，率军追击沈鸿英残部至四十八弄的金竹坳。面对山重水绕的峰林险境，弄里山与山遥望，洞与洞呼应，十分容

中渡晨烟　中渡镇人民政府 / 供图

易遭受对方伏击，白崇禧只好放弃追击，另行打算。

这方圆百里之崋，在古时既是兵家相争之地，又是桂林、柳州两地的交通之咽喉要道。古时从桂林到柳州，如果要走陆路，有两条路可选，一是绕过架桥岭山脉至柳州，二是穿过四十八崋的奇峰密林抵达柳州。因后者相对便捷，所以很多经常往返于两个方向的经商之人选择此路。而中渡镇，正处于山岭重叠的四十八崋出入隘口，也就是这条路的必经之地。

中渡镇位于洛江边上，有着洛江和洛清江水运中转枢纽的区位优势，在明清时期是繁华的驿道，当时既是连通桂、粤、黔商路的经济重镇，也是军事据点，时人赞为“四十八崋的明珠”。

中渡镇隶属广西柳州市鹿寨县，地处鹿寨县西北部，历史十分悠久。早在三国时期的东吴甘露元年（265 年），今中渡镇的马安村常安屯便设置了常安县。据《鹿寨县志（1988—2005）》记载：

唐贞观八年（634 年），析象县地置洛容县，县治初设于白龙岩，后治迁朱峒，皆位于中渡镇大兆村。明洪武六年（1373 年），置巡检司于平乐镇洛江畔。清光绪三十二年（1906 年），设置中渡抚民厅。民国元年（1912 年），中渡抚民厅更名为中渡县。1951 年，中渡县与雒容县、榴江县及修仁县部分区域合并成立鹿寨县。中渡属鹿寨县第二区。之后经过撤区设乡，再改区，再成立公社，于 1987

年尘埃落定，称中渡镇至今。

中渡镇行政区域面积 374 平方千米，辖 1 个社区和 14 个村（居）民委、176 个自然屯，总人口 5.2 万人。中渡全境属半山区，素有“七山一水二分田”之说。洛江发源于永福县三皇乡鸡头岭，于永福县江头村附近潜入地下，由北向南，伏流经四十八弄内中渡镇的高坡村，在中渡镇大兆村境内的香桥岩北端露出地表约 0.5 千米，又于香桥岩南端潜入地腹，然后在中渡镇大兆村再次露出地表，流经中渡镇，在黄冕乡与发源于龙胜各族自治县临江村的清江汇合后再汇入柳江。

清冽的洛江，孕育滋养了朴实勤劳、有才情有智慧的中渡人。

中渡融自然景观、人文景观、生态景观于一体，有独特的喀斯特地貌、秀美的自然风光以及深厚的人文底蕴。这里孕育了众多历史名人，自古以来形成崇文尚武的文化氛围。不少仕者、武将、文化人物生于斯、长于斯，他们的精神激励着一代又一代古镇人民守护安身立命之本，积极开拓发展空间。

中渡区位优势明显，集镇距离鹿寨县城 28 千米、柳州市区 64 千米、桂林市区 102 千米；交通条件便利，到鹿寨北站 4 千米，30 千米范围内有桂柳高速出入口，100 千米范围内可直达柳州白莲机场和桂林两江机场。

这些年来，中渡以“项目立镇、旅游强镇，产业兴镇、

中渡古镇航拍图　中渡镇人民政府／供图

生态美镇”为战略，以建设中国特色小镇等为契机，不断完善村镇基础设施，融合发展“农文旅体”，打造了党建、旅游、产业、生态四大特色品牌优势，为古老的生命注入强劲活力，千年古镇不断焕发新机。如依托鹿寨香桥岩溶国家地质公园、响水石林、古建筑民居等资源优势，将民俗与旅游深度融合；结合古镇历史文化以及特色美食，打造了一批乡村特色旅游线路、体育旅游线路；建立千亩太空莲种植基地、万亩富硒水稻种植基地、千亩大乐岭有机花园等特色产业基地；举办或承办山歌节、乡村文化旅游

节、城隍庙会、环广西公路自行车世界巡回赛（中渡段）等活动，不断寻求发展康养、研学、山地户外和休闲旅游等新旅游业态。

2014 年，中渡镇入选中国历史文化名镇名村名录。2016 年，中渡镇被评为第一批中国特色小镇。2021 年，中渡镇获得第一批全国乡村旅游重点镇称号。

古建筑的生命花园

古镇的整体空间不仅指古镇本身，还包括周边的自然山水格局、附属建设等。从中渡古镇以洛江与护城河环抱

中渡八景之西眉烟雨　中渡镇人民政府／供图

区域的俯瞰图来看，民居建筑抱团成片，整个组群呈西北至东南向的布局。平缓的洛江沿城郭的北面，自西北流向东南，与古镇相依相伴，人工开凿的护城河从古镇西南方向包裹，与洛江合围，共同守护着这片土地的世代生息。

再仔细揣摩，这个组团的形制似乎又暗藏着另一种气象。合围古镇的洛江与护城河，洛江相对平直，护城河呈弓形姿态，两端与洛江连接。古镇西街大致处于护城河弓形的中部，且方向与洛江几近垂直，观其形似箭。可理解为对内环抱，对外守护，兼具藏风聚气与蓄势待发的气势。

前人喜欢用“八景”来总结和命名某个地方的自然山水景观。中渡八景有香桥仙境、响水涌泉、鹰山挂月、洛江春汛、西眉烟雨、东岭晴岚、龙潭秋月、独秀凌霄，从中可看出自然山水景观是物境的主体，而人文隐含为意境的基础，这体现了中渡古镇人居环境的丰富内涵。

临水而居不仅可为古镇居民提供充足的生活用水，田耕用水也有了主要来源。此外，从风水学上来讲，古镇西南角有“西街塘”，在风水理论中此方位为“瑞兽呈祥”中的“朱雀”，此水塘有“安财蓄宝”之效。

我们仔细观察，很多时候，古镇居民举止神貌总是“以不变应万变”的样子。适宜的选址布局，给了古镇相对稳定的居住环境，世代浸润于这种环境中的古镇人，看上去显得宽和沉稳。

中渡古镇的道路空间可以分为两个等级：第一等级道路是以武圣宫为核心，东西南北街和横街五条街道延伸开来，形成轮辐状的整体空间格局；第二等级道路是民居之间，即住宅组团的次级道路。这些街巷常常在交叉口处形成一些放大的空间，为居民的日常交往提供了聚集处。

传统中渡街道宽 3—8 米，建筑檐口高度为 4—7 米，街道高宽比接近 1，这是非常舒适和亲切的街道空间，在街道一侧不仅能看到建筑立面的全貌，还能近距离看清墙面的材质和肌理。巷道则比较狭窄，山墙彼此遮挡，利于通风遮阳、分隔防火。

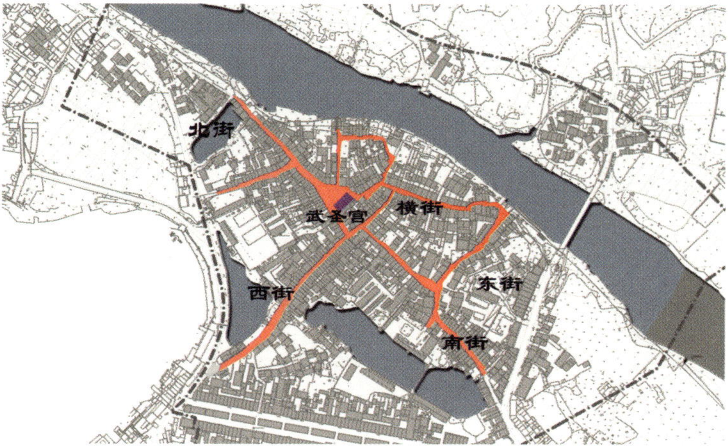

古镇主要街道分布图　庞科／绘

古镇地处山脚，地形起伏，民居因地制宜，随地形起伏和道路走向而灵活变动位置，因此没有统一的屋脊、檐口高度，也没有平齐的沿街立面。屋脊和屋面因高低变化错落有致，沿街立面也因进退的变化而出现小的空间围合，形成了丰富的街道景观效果。

秦之前，中渡所在的鹿寨县境属岭南百越之地。秦之前的百越人居于深山溪涧，居所大多为干栏式等简易形制。后来，曾为秦朝将领的赵佗于岭南建立南越国，采取“和辑百越”之政，推广中原先进文化和技术，促进了南越经济的发展。北方的建筑开始在岭南一带出现。宋朝时期，一些南迁的江南移民也带来了秀雅别致的文人之风，并逐步体现在岭南的建筑风格里。明清时期的岭南，居民生活相对安定，居住环境也有了进一步的改善与发展。这个时期的民居建筑布局出现组群化，十分讲究装饰美化，并且审美达到一定的水平。

中渡古镇如今保留着大片较为完整的清代民居群，具有浓郁的岭南建筑特色。

从外面到古镇的人，一般从护城河上的拱桥进入西街口，再从西街走入古镇内部或者去到江边古渡。西街上的私人民房较多，公共场所少。越是居民聚居处，越能感受民生烟火气。一些居民在自家店铺里售卖豆腐花、米糕、油堆、干切粉等特色食品，原汁原味，售价不高，让刚刚踏入古镇的来客感到亲切随意。

古镇西街入口　陈映月 / 摄

经由西街，在街口处往左拐，前行可进入北街。北街22号是一座古民居建筑，1949年之前是中渡古镇一户大户人家的住宅。新中国成立后，曾被当作中渡镇派出所、农业银行等单位的办公场所，如今是中渡镇民俗文化协会的办公场所。这座老屋建于清朝嘉庆年间（1800年前后），已有200多年历史，建筑面积400多平方米，是古镇里保存得较为完好的传统砖木结构建筑。

老屋由两套相通的房子组成。从外面看是两家大门，入内后，隔墙有门相连通，左右各有一个小天井，屋后共用一个大院子。院子里有个残缺的屏风石拱门，刻满岁月的印迹。

据中渡镇民俗文化协会负责人介绍，二楼从前是“走马楼”。走马楼是南方民居中一种特别的建筑形式。一般是以天井为中心，楼上走廊相通回转，形成“回”字形的楼房空间，走马楼空气流通，方便出入，从前的人戏称廊道可以骑马穿行畅通无阻，由此而得“走马”之名。如今这座老屋的二楼已看不出走马楼的样子，只能看到两个天井上面各遗留了半边一米多宽的廊道。

老屋大门门框的一侧，有一排竖向排列的圆形与半圆形间隔的凹洞。门框另一侧有个木制的物件。这是一扇可移动的栅栏门，横搭着十多根圆木

位于北街 22 号的清代老房子　陈映月 / 摄

条，每根木条直径 7—8 厘米。拉出栅栏门，那些圆木条可与门框的那排凹洞相扣合，另有一根铁制插杆，可穿过栅栏门，加锁固定。这种门在具有岭南风格的古建筑中很常见，可左右推拉横向开合，名为“推栊门”。

中渡为亚热带季风气候，日照时间长，热量与降雨量都很丰富，民居建筑尤其重视通风防雨、遮阳隔热。这种推栊门就是为了适应岭南炎热潮湿的气候而特制。在正门敞开的情况下，将推栊门合上，使房屋可通风、透气、采光。最重要的是，对于一些大户人家来说，它更是一道“防盗门”，具有安保防护的作用。而在广东一带，人们对这种门的叫法是“趟栊门”，应是方言表达之差异。“趟”在粤语中是平滑推动之意，而“栊”则有窗棂、有格子的窗户等释义。广东的趟栊门上圆条的数量是有讲究的，一般为

这座建于清朝嘉庆年间、具有 200 多年历史的
古民居，是保存较好的传统砖木结构建筑
朱英玉 / 摄

推栊门　陈映月 / 摄

单数，因“双”与“丧”音近，避讳用“双”。我们再细数当下这座老屋推栊门上的圆条，有 11 根，另外大门上端有 2 根固定的，加起来共有 13 根。不管怎么数，圆条的总和也都是单数。

腰门的运用也是中渡古镇建筑的一大特色。古镇大部分传统民居没有安装推栊门，而是在大门前面加装两扇小门，高度约在大门的一半，刚好齐腰。腰门有两个功用，一是在炎热的夏天，居民可以敞开大门，合上腰门，使凉

腰门　陈映月 / 摄

爽的穿堂风得以进屋，并能防止家里小孩跑出或者家禽家畜随便出入；二是外人来访可以先隔着腰门打招呼。因此这也可说是一道“礼仪门”。尤其在广东一些岭南建筑风格特别明显的地区，它可以是以屏风的样式存在。既为“屏风”，那么当然强调和注重美感。有的腰门顶部呈“八”字形，类似蝴蝶翅膀边缘；还有的镂空雕花描金上色，使得这扇轻盈的门在拥有基本功能的前提下，还蕴含着丰富的文化意味，体现户主的审美品位。对初次造访的客人来说，这种雅致的屏风门，能给人留下美好的第一印象。但在中渡古镇，这种“第一印象”被朴实通达的居民弱化了，从而显得更为简约、随性。他们一般将腰门做成栅栏状，有的甚至只是简单的两块对开的木板，略加刷漆即可。对于岭南建筑来说，大门的标配“三件套”就是腰门、推栊门、大门。如今我们在中渡很难看到哪户人家备齐大门“三件套”，具有防盗功用的推栊门几近消失，唯有那简洁的腰门，还在昭示着居民们对传统生活习惯的坚守。

中渡为喀斯特地貌，山势起伏延绵，平地较少。这样的地貌特征使中渡人民形成了珍惜土地的观念。街坊内住宅布局十分紧凑，充分利用公共空间联系各户，尽量少占用耕地。住宅面宽小，一般只有三四米宽；进深大，屋头到屋尾可长二三十米；格局十分狭长，在一个开间的面宽内依次布局客厅、卧室、天井、厨房、后院、卫生间等。这种呈竹节状逐一排列的屋型，类似《岭南杂事诗钞》中阐述的"竹筒屋"。

中渡古镇地形有起伏高差，古镇民居同样因地势高低起伏，屋脊因高低变化错落有致，与地貌、山水环境和谐统一。古镇民居大部分为两层砖木结构，山墙用砖石砌筑，梁架、楼面以及临街墙面上部都用当地盛产的杉木，不仅造价经济，也形成了清晰明确的结构美感。

民居的山墙面突出正面很多，并且有节奏地重复着，形成街景当中最强烈的视觉元素。这种"山墙—门面—山墙—门面—山墙"的节奏感是桂北民居特有的界面特点。

由于当地气候湿热，居住环境的首要需求是防雨排水。住宅屋顶多为两坡硬山，这种倾斜的屋顶方便排水，防范屋顶因积水而发生渗漏。由于建筑进深较深，屋顶通常大而高；屋顶形式简洁，没有升起和屋檐起翘。有的屋檐前额板上有花纹装饰，屋檐下通常有一根裸露的横梁；山墙与屋檐交接处有线角。

古镇普通民居具有朴实无华、经济实用的特点，建造住宅时较少考虑装饰，而以经济实用为原则。除少数公共建筑外，建筑屋顶笃直，屋脊不做升起，屋檐不做起翘，但是通过突出的山墙对屋顶的划分获得了一种韵律上的美感，形成了古镇独特的风格。有的住宅两层楼面齐平；有的将二楼"飘"出一楼之上，增添了门头挡雨的功用；还有的住宅虽未将二楼悬空外推，但门头上外挑檐板，出檐宽大，同样也是为了遮阳避雨、保护外墙，

上：中渡民居界面的比例和节奏感
下：“山墙—门面—山墙—门面—山墙”的节奏感是桂北民居特有的界面特点
朱英玉／摄

增加实用性。

岭南建筑中，有一种“虾弓梁”在祠堂、书院等使用较多，它是两柱之间的联系梁，对房屋起到稳固作用。有的虾弓梁连接着山墙与檐柱，一般为石质，梁上放置石狮，体现建筑的庄重与威严。在中渡古镇东街，有些人家的屋檐至大门顶端的空间中，架有一根木质横梁，连接两边墙面，其形隐约可见虾弓梁的影子。只是横梁外形已简化，梁上也没有动物造型。

民居二楼外推，可为一楼门头遮风挡雨　朱英玉／摄

这间民居门头上出檐十分宽大　朱英玉／摄

悬空横梁的外形尚带虾弓梁的影子　朱英玉／摄

“试问岭南应不好，却道：此心安处是吾乡。”虽然苏东坡在《定风波》里表达的是自己在逆境中随遇而安的旷达襟怀，但词里的“岭梅香”，以及“点酥娘”那不老的清丽容颜，给岭南这片瘴气绵延的蛮荒之地平添了几分灵动浪漫的气息。

中渡民居建筑中，一些窗棂也隐约透着这样的梅花清气。木质小窗多为“步步锦”棂花。这种棂花是由直棂和横棂组成的有规则的几何图案，各自端头接着对向横条的中部，形成“丁”字形状，直、横木条相接形成步步变化的图案。这种图案寓意步步高升，前景不可估量。还有一些非典型图案的棂花，更多的是摒弃繁复，体现朴素简约淡雅的风格，直接表达了屋主的审美情趣。此外，有些阳台上的雕花木栏杆，是岭南骑楼中最常见的西洋宝瓶

古朴的棂花　朱英玉／摄

形状。

古镇建筑中，位于南街 10 号的县政府旧址、南街 114 号的钟秀杰故居及东街 76 号的罗公馆，均属于民国时期受西方文化影响的中西结合式砖木结构建筑。

县政府旧址是民国时期中渡县政府办公所在地，占地面积约 800 平方米，由县长办公室、警察科、民政科、总务科、接待室、会堂等组成。面阔 3 间，前部为两层楼，长 10 米，高 9 米；后半部为一层，长 22 米，高 5 米，砖柱承重。青砖地面，青砖墙体，外部黄色灰浆抹灰，小青瓦屋面。

钟秀杰故居是时任中渡知事钟秀杰的起居之所。罗公馆为清光绪年间清军管带罗举之于民国三年（1914 年）所建，其子罗浩忠在民国时期曾任浙江省第三区行政督察专员兼中将保安司令、广西柳州行政督察专员兼中将保安司令，故此房屋亦称罗浩忠官邸。这两座建筑通长都有 30 多米，面阔 7—8 米，高度 10—11 米，砖墙承重。其中钟秀杰故居屋后有一个院落，罗公馆内有两个天井。

十里不同风，百里不同俗。在中渡一带居住的少数民族群众多为壮族，还有苗、侗、瑶等少数民族。众多少数民族群众聚居或散居在各寨各村屯，文化与生活互相影响与交融，表现在建筑风格上，那就是逐渐形成了既有固守之处，又开阔包容的和谐氛围，从而使得中渡的民居建筑呈现出一种秀丽简约、古雅淡宕的韵致。

中渡寻常民居建筑强调简约实用，但规格较高的传统建筑还是比较注重屋脊、梁架的修饰，大量采用雕刻精美的木雕、石雕、灰塑等来表现民风民俗。在檐下喜做轩，屋架下常做描花，内隔墙洞多做券洞。均为就地取材，色调接近自然。

中渡古镇传统建筑分布图　庞科／摄、绘

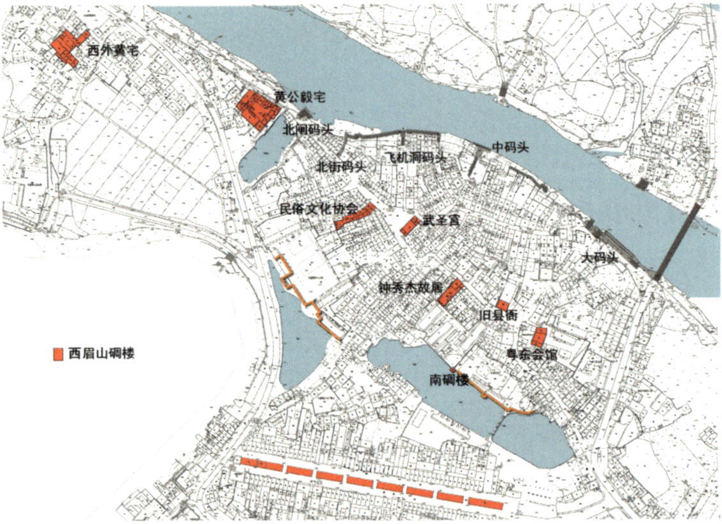

武圣宫

旧县衙

钟秀杰故居

民俗文化协会

黄公毅宅

西外黄宅

洛江桥

西眉山碉楼

建筑细部特色：屋脊灰塑、描花、雕花梁架　庞科／摄

建筑细部特色：柱础、檐下轩、券洞　庞科／摄

古镇东街与南街交会处的粤东会馆就装饰得十分精美，屋顶盖瓦，青砖砌墙，筑脊挑檐，雕梁画栋。会馆为清光绪十六年（1890 年）在中渡的广东商人集资购地兴建，由戏台、主殿、后院组合而成。现存的主殿面积约 300 平方米，具有典型的岭南建筑风格，属硬山顶砖木结构，立石檐柱 4 根，柱础底部为莲瓣造型。会馆由正厅和东西两侧厢房组成，布局对称。正厅面阔 3 间，两侧厢房高度略低于正厅。会馆的主要建筑材料是麻石、小青瓦、水磨砖、木头。

会馆内外的柱梁斗拱及彩色壁画琳琅满目，山墙顶部两侧的彩画是双葫倒挂的图案，寓意双福到来。房梁端下

粤东会馆　陈映月 / 摄

粤东会馆内部陈设　陈映月／摄

粤东会馆的墙绘　陈映月／摄

为精雕细琢、栩栩如生的木雕。叠梁四周，在代表“水”性的黑底之上，绘以姿态各异、妙趣横生的龙凤、人物山水、花虫鸟兽以及卷草纹等亲水图案，沉寂的墙壁因这些画面而有了生动的语言。正厅 10 扇门，上半部的棂花图案均为经典的万字纹，在中国棂花图案中称作“万寿锦”，寓意万福万寿绵长不断。整座建筑画工见精巧，木工具匠心。

戏台与后院是会馆的附属建筑，因种种原因，早年遭到人为破坏，已不复存在。如今的戏台与后院客房，是后来按原有模式复建的，基本还原了当年的风貌。

位于北街和东街交会处的中渡武圣宫，是古镇重要的核心建筑之一。最早建于清乾隆三年（1738 年），已有将近 300 年的历史。武圣宫大门左右有两座庙狮把守，庙前有多座鼎、炉。整座建筑具有清代建筑风格，为砖木结构建筑，青砖墙体承重，抬梁式木构架，硬山顶，小青瓦屋面，青砖铺地。建筑呈中轴对称，面阔 3 间，进深 3 间，面阔 14 米，进深共 9.2 米，耳房宽 3.7 米，长 9.2 米。左右两个四层柱础，展现莲瓣形态。6 根承重的廊柱之间，左右横挑大梁，前边 4 根廊柱的前后方向，各搭嵌一根约 1 米长的虾弓梁。整座庙宇结构看上去立体稳实。

武圣宫两侧墙面与屋顶最高交接处，有吉祥宝物的浮雕绘饰，屋顶与墙面内外衔接处环走一圈约 30 厘米宽的灰黑色条，上面的绘饰已斑驳，隐约可辨一些花鸟草木、山水景观、人物场景、海浪花纹等形态。

武圣宫　中渡镇人民政府 / 供图

跟一些岭南宫庙繁复的博古脊不同，武圣宫屋顶的脊饰颇为简洁明快，居中为一只立式葫芦，左右各有一只类似动物的石雕。有人说是飞鹿，可谓福葫闪光，鹿鸣呦呦，细看又不尽然；有人说像甩尾的鱼，但其头部又有些龙的形态。似鹿似鱼似龙，非鹿非鱼非龙，鹿为本地祥物，鱼或龙为亲水文化的元素，许是多种文化合而为一的图腾。当夕阳西下，香烟弥漫，侧脊上的雕饰在余晖中呈现凹凸感，脊饰的雕塑在天际勾勒出迂回柔软的线条，给古镇庙宇增添了一份祥和神韵。

“武备文化”与“渡口文化”

提到“镇”字，我们脑海中往往会浮现两个截然不同的场景，一个是炊烟袅袅、繁荣富庶、岁月静好的“小镇”“市镇”；一个是高筑壁垒、严阵以待、气势汹汹的“军镇”“藩镇”。这两种意象奇妙地集于一个汉字上，也往往奇妙地集于许多叫“镇”的地方上。中渡镇就是这样一个地方。

据说元朝的都统帅韦颜奉旨镇压少数民族起义后，来到了山清水秀的今中渡地界。他举目四望，发现这里四围环山，易守难攻，依傍洛水，便于兵粮漕运，于是决定在此设置关隘，督兵屯田，挖沟筑墙，建设城防。

从此，桂中区域有了这么一个“镇”，就像放置了一个铁块压住了一个东西。周边哪里有匪患和少数民族起义，都能迅速得到控制，守四方安宁。中渡镇开始成为桂中地区重要的军事中心。古镇完整的“城门—护城河—城墙”防御体系从那时起逐渐成形，历经近700年，不断发展完善，保存至今。

渡口在中渡人的生活中是不可或缺的　中渡镇人民政府 / 供图

军营的存在不仅带来了安宁，也带来了市场交换的需求。于是周边的百姓们开始在这里做买卖，逐渐形成了有一定规模的市场。又因为这里依傍洛江，渡口众多，水路交通便利，吸引了周边越来越多的商贾百姓，中渡镇逐渐成了一个繁华的商埠。

我们可以想象一下当时的情景，在眉山洛水的环抱中，中渡镇城防整齐森严、角旗猎猎，渡口上船行如织、来往穿梭，市场里商贾云集、人声鼎沸，可不是一片炊烟袅袅、繁荣富庶、岁月静好的景象吗?

中渡的先民们筚路蓝缕，以启山林，先兵后礼，不断地开发耕耘这片美丽的土地，也将“武备文化”和商埠“渡口文化”两种特征，深深地烙印在了这片土地上。

从三国时期到元朝初期，虽然名称和隶属多有更改，但中渡一带曾作为县一级地方行政中心。这个阶段，中渡处于形成和缓慢发展时期。而后就是元朝时建立了军事据点，建设城防，标志着古镇成为中原王朝防御少数民族起义和匪患的重要军事中心。

清光绪年间，广西巡抚张鸣岐奏请朝廷批准，划永宁、永福、柳城、雒容和融县（今融安县）等州、县边界的四十八弄山区，设置军事管理区中渡抚民厅，指挥周边各级防务。抚民厅也是清代独有的地方行政制度与行政区划，与省府县一样，也是一级正式的行政等级（相当于县级）。中渡抚民厅偏重军事功能，剿抚相济。中渡抚民厅官署设在中渡镇北街 82 号，老百姓习惯称之为武衙门。

中渡镇内发生过几次大的农民起义，对中渡镇的物质空间形态也有很大的影响。

首先是发生在明代的古田起义。这场农民起义持续了 80 多年（1489—1570 年），并且起义军在中渡东北的古田县（今永福县百寿镇）建立了农民政权，而中渡镇是其设置的六里之一。以四十八弄山区为屏障，起义军和明朝军队在中渡古镇进行过多次攻防战斗。

清咸丰六年（1856 年），太平天国发生“天京事变”。咸丰九年(1859 年)，翼王石达开率 10 万太平军回师广西，穿越四十八弄山区时与清军及地主团练武装发生了激烈战争，当地政府在中渡城制高点西眉山顶修筑炮楼。此炮楼现今犹存，成为中渡古镇一个重要的景点“西眉碉楼”。

清光绪二十六年（1900 年），今中渡镇的覃六五、覃老法二人组织乡党，抗租抗捐，和当地大土豪地主及清兵展开了斗争。之后柳州知府率大队清军进入中渡城，采取“先剿后抚”计谋，在中渡城内设宴引诱覃老法归降。席间抓捕覃老法，随即在西眉山下将其枪杀。群龙无首的起义军不久被镇压。

从元至清的近 600 年里，中渡古镇作为桂中地区重要的军事中心，饱经战火洗礼，古镇的建设也以武装和防备为重点，留下了许多独特的“武备文化”印记。

古镇的边界分明，北面是天然屏障洛江，其余几面则挖掘了 30—50 米宽的护城河（经过百余年的变迁，部分已淤塞），江河构成了古镇第一道防御体系。河边是 4—6

中渡县古城墙文物保护单位标志牌 朱英玉／摄

古城墙　庞科／摄

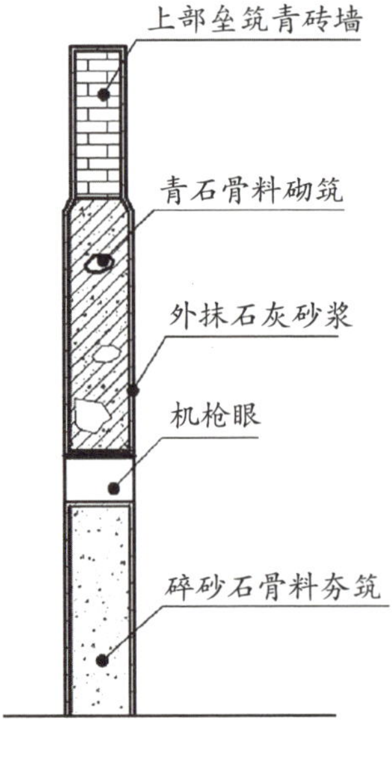

古城墙构造示意图
庞科／摄、绘

米高的城墙，厚约 2.2 米，为第二道防御体系。为了增强城墙的防御性，中渡的先民们想了许多办法。城墙的基座是碎砂石骨料夯筑，保证基座的稳定性和防水性；中部用青石骨料砌筑，上部则用青砖墙垒筑，减轻墙体的荷载。城墙每隔若干米会建造宽约 50 厘米的砖柱，用石灰砂浆抹面。这样做，一来便于控制整个城墙的走势，顺应曲折的边界；二来可以提高城墙的整体稳定性，便于御敌。为了更好地进行防御，城墙上还设置了很多机枪眼以及便于据守的碉楼。以护城河、城墙、碉楼、城门为体系的外围防御系统，给人以强烈的“内外有别”之感，形成了古镇的边界防御体系。

在布局上，古镇主要的道路空间因受地形约束而较为自由，呈现网络型，但是四条主要的街道最后交会于一处，凸显出的古镇核心，就是中渡武圣宫（又称武庙、关帝庙）。武圣宫前是古镇举行重要活动的广场，庙内供奉有关羽、关平、周仓等神像。关羽是“忠义武勇”的化身，许多地方都建有他的庙。但是像中渡这样将关帝庙置于小镇核心，所有的大型活动都要在武圣的见证下举行的，并不多见。这样的布置仿佛让古镇有了一颗勇武的心脏。

古镇的民居也处处体现着“武备文化”的特色。窄开间，多进深，设置两到三个天井，这样的平面布局增加了防御性。而且面街的部分设置厚墙，重要建筑或大户人家的大门前增设推栊门，能很好地保证室内的安全。一些大

中渡古城地图
（引自《柳州府志》）

宅的墙上还设有多处枪眼，守备森严。再看屋顶，也设置了比别处的民居密得多的檩条，保证了屋顶的防御性和安全性。

严谨的私宅防御系统体现了中渡先民们千百年来防匪抗匪的决心和智慧，也反映了他们反抗外来压迫、追求和平自由的精神。

外来经商居住于此的人，也在这样的武备氛围里保持着防御外来侵犯的高度警惕性。在东街 72 号的嘉盛商号旧址可看到，木制大门上包着铁皮，如今已斑驳脱落。铁皮包门更坚固，起到防火防盗的作用。门上窗页开有圆孔，可作为“放风眼”“钱眼”“枪眼”。夜间若有来人，如是客户可从孔洞收钱；如遇坏人，可在孔洞置枪防卫。商铺

嘉盛商号旧址　朱英玉 / 摄

重要建筑门前的密格栅插槽
庞科/摄

私宅具有“窄开间、密檩、厚墙”
的特点，图为屋顶的密檩
庞科/摄

二楼“嘉盛”门牌上有一四方开口，店家在夜间交易时，为保安全，可从这里将客人购买的货物吊下来。真是慎之又慎！

像中渡古镇这样通过规划布局、建筑结构、艺术形式、建材工艺等体现出来的武备文化特点，能如此完整、真实保留下来的，在广西已经寥寥无几；民居所普遍采用的“窄开间、多进深、硬山搁檩式构架”，也已不多见。

洛江有上、中、下三个渡口，上游有旧县渡，下游有新县渡，中渡居于中间渡口。中渡镇的自然水系主体为洛江。洛江的性格是温和的，水流平缓。这里的春天来得特别早，残冬刚过，江水上涨却依然清澈，碧波泛起涟漪，撩拨心弦。洛江两岸新枝发芽，千年古榕郁郁葱葱，远山连绵起伏，峰峦林立。泛舟江上，心旷神怡。当地人把这种春水来临、鱼跃滩头、燕舞树梢、牧笛横吹、牛儿欢跳、田野秧歌、绿满山腰的景观称为“洛江春汛”，是现在的中渡八景之一。

早在南汉时期，洛清江的水路交通就很发达，以食盐为主的各种物资在各类码头集散。及至明清时期，沿岸集市码头不断涌现，连通洛清江的洛江四季通航，沿岸也修建、设置了码头、圩市、驿站等。在当时，中渡属于较大的圩市。

在古镇繁盛的时候，古渡口林立。渡口不仅是交通枢纽，更是商业活动的中心。中渡建制以来，由于其便利的水陆交通和繁盛的人口，商贾旅人往来川流不息，货物和人员在这里集散，形成了繁忙的商业景象。这些商贾旅人里，不仅有桂中和桂北的本地人，还有很多江西、广东来的外地人。随着在这里定居谋生的外地人逐渐增多，江西籍商人和广东籍商人修建了江西会馆和粤东会馆，可惜江西会馆已经毁坏，如今只剩下粤东会馆还在独自诉说着当时的繁盛。听当地人介绍，当年粤东会馆的主人乐做善事，那些到中渡做生意失败、无钱回家的老乡，只要找到粤东会馆，会馆主人就会以盘缠相赠，送老乡坐船返家。

清代及民国时期的嘉盛商号，经营主业是食盐，老板姓钟。清代食盐的生产与销售是划区进行的，有着严格的贸易制度与规则，一般人轻易不能进入盐业。而一旦做了盐商，大多获利颇丰。清光绪二年（1876 年），钟老板到中渡贩卖食盐，而后资金迅速积累扩大，于清光绪九年（1883 年）在汇源街（今中渡镇东街）开设嘉盛商号，主要经营京、广杂货，以及鱿鱼、墨鱼等海产品。

商贸往来多了，客栈必不可少。渡口一带客栈众多，目前所遗留下来的客栈旧址，离渡口最近的也是唯一的，是古镇东街 13 号的东南客栈。这是一座受西方建筑影响的砖木结构建筑，两进一天井，加一后花园。房屋最早是清代光绪年间中渡民团团总张振德所建，后由其族人居住。民国十八年（1929 年），这座建筑被改造为东南客栈，有 12 间客房，可容纳 30 人住宿，属于当时古镇规模较大的

东南客栈旧址　中渡镇人民政府 / 供图

“高端酒店”，有钱有地位的人来到镇上，大多选择此处留宿。东南客栈有青砖外墙，砖缝留得很细。当地人传说，当时建造者以鸡蛋清和以糯米浆来砌墙，才有着如此细腻紧致的砖缝，墙壁也因此更为紧实牢固。

中渡因渡口而繁荣，又因渡口的衰落而得以完整保存。随着公路交通的发展，陆路运输成为更便捷的选择，导致水路运输的需求减少，渡口的繁盛景象渐行渐远，这是历史的大势。也正因如此，古镇古色古香的风貌才得以完整保存。

目前古镇有车头码头、飞机洞码头、肖家园码头、中码头、大码头（东门码头）等多个渡口码头。虽然渡口的水运功能基本消失，但这些渡口仍是古镇居民重要的公共

中渡古镇码头分布　庞科／摄、绘

东门码头石刻　陈映月／摄

飞机洞码头　陈映月 / 摄

左：肖家园码头　陈映月 / 摄

右：中码头　朱英玉 / 摄

大码头也叫东门码头、古榕码头，始建于明嘉靖年间
中渡镇人民政府 / 供图

活动空间。渡口相距不远，大小不一，与城墙和古榕相依。

大码头始建于明嘉靖年间（1526 年前后），是一座由一块块平整光洁的长方形青石板铺砌而成的斜坡式码头。码头所在的洛江两岸生长着古老的榕树，古镇人称之为“相思榕”，据说树龄已有 600 年左右。古榕苍干虬枝，树枝向江中伸展，相互呼应。

古榕是古镇历史文化中的重要组成部分，是洛江岸线的固岸之宝。关于古榕，当地流传着几种不同的传说。一是传说从前有一对心心相印的恋人，因门不当户不对，恋情受到女方家庭极力反对阻拦。这对恋人决定离开家乡到外面寻找新的生活。他们选在庙会当天私奔。两人按计划分别赶到横跨洛江的石桥两头，就在他们奔向对方的时候，

码头旁的古榕树，承载着人们的心愿　陈映月／摄

暴涨的河水冲垮了石桥，两人瞬间被洪水吞没。后来，石桥处的洛江两岸长出了隔岸守望的榕树，那就是这一对恋人的化身。

另一个传说是，过去镇上有户人家有五兄弟，一天，五兄弟到河对岸吃老表的结婚喜酒，留下老母亲一人独自在家。在喜宴过程中，突然天降大雨，其中三兄弟念着家中母亲，放下碗筷赶紧回去。另外两兄弟却好酒贪杯，流连席间。最终，大雨致使水涨，隔断了他们回家的路。从此江岸两边长出了茂盛的大榕树，那就是五兄弟在隔河相望。不管是哪种传说，表达的都是中渡人民对爱情、亲情和幸福的向往，对美好情感的追求。

古榕是渡口的密码，暗藏山灵水韵的基因。对中渡而言，渡口又是这座古镇的史书，把洛江流经此处的每一寸波澜、人们踏上渡口的每一声跫音都记录在那些青石台阶上。在今天，渡口在中渡人的生活中仍然占据着重要位置。日常生活中，人们喜欢在此聚集闲聊、洗衣捕鱼、游泳嬉戏，这里一年四季都充满着欢声笑语。

打开“武备文化”和“渡口文化”两个窗口，回望古镇的昨天，我们对中渡的内在有了更多的理解。而今的中渡古镇，已经不再需要严阵以待的武力防备了，河运的衰落让往日喧嚣的渡口归于平

西眉山古炮楼　中渡镇人民政府／供图

静。清晨，徜徉在宁静的古镇街道上，远处传来一阵“邦邦”声，究竟是西眉碉楼上枪炮的余音，还是洛江渡口边阿婆们敲打洗衣棒的声音？那迷蒙的雾色，是弥漫的硝烟，还是热气腾腾的炊烟？古镇的每一棵草木、每一栋建筑，应该都在诉说着不同的答案吧。

未曾远离的背影

30多年前的一个夏天，在一个名为“晓风轩”的画室里，一个10余岁的女孩握着画笔，坐于案前。她时而抬头看看窗外，院子里流动着绵密的玉兰花香，袅袅徐徐，像一席高贵的绸缎。女孩的满爷爷在一旁的床榻小憩，鼾声轻起。树间偶有一两声翠鸟鸣啼。满爷爷一觉醒来，女孩刚好完成他睡前布置的画梅习作……

当年的这个小女孩名叫潘琳静，是我相识多年的文友。时至今日，当她聊起她的满爷爷潘文经，窗前画梅的静谧场景仍在她的生命中荡开温柔的涟漪。

潘文经（1906—2008年），中渡镇人，教师、画家。当年，20岁的潘文经告别家乡，从古渡上船，逆流而上，前往桂林求学，最终在一枝梅香中找到心灵的归宿。

中渡的奇山秀水，滋养着潘文经的心性与灵韵。他生性聪颖，从小喜爱绘画，7岁在中渡县立两等小学堂读书时，受到传统文化教育，对绘画的兴趣愈发浓厚。随着年龄增长，他十分向往那些能向外学习的机会，也因此而更为发奋努力。

1926 年，桂林道属各县培养小学师资，中渡县政府动员潘文经投考。最终他考入广西省立第二师范小学教员师范讲习科，后又继续在该校的后期师范学习。

到桂林二师读书后，潘文经眼界大开，他先后师从桂林著名画家帅础坚、岭南画派画家容大块研习中国画。后来，还跟随桂林著名画家唐翰学习花鸟画。跟随名师学习的经历，为潘文经画作的梅蕊逸香增添了珍贵的一笔。

20 世纪 30 年代，潘文经得到著名画家张书旂教授和艺术大师徐悲鸿先生的悉心指教，画艺大进。1935 年春，其作品《雄鹰》参加广西省委托徐悲鸿先生在南宁举办的广西省首届画展，并获得金质奖章。之后，潘文经作品逐渐走入人们视野，其艺术成就被载入《中国当代国画家辞典》《中国当代艺术界名人录》。

潘文经擅画花鸟，尤为爱梅，以寒梅精神自勉，追求坚贞高洁的精神风貌，因画梅技艺精湛而被誉为“岭南第一梅”。潘文经画梅师法前人而独辟蹊径，作品构图严谨、点粉轻匀、注重渲染。业界评价他画梅，除继承宋元以来的“枝瘦、梢嫩、花奇”之外，独辟蹊径形成自己的风格：“梅树虬干琼枝，苍劲挺拔；白梅淡雅隽永，清香冷艳；红梅艳而不媚，生机勃发”。

卷透梅香，冰骨铮铮。潘文经毕生追求的何止笔下梅花的傲雪凌霜，更有坚贞高洁的风骨。早年潘文经曾参加徐悲鸿先生组织在柳州龙城中学举办的美术展览义卖活动，以义卖所得支持抗日救国，可见其赤子丹心。

“精心栽桃李，奋笔写梅樱。”这是潘文经自撰的对联，也是他一生热爱教育和国画艺术的写照。1931 年 9 月起，他先后在广西各地学校任教，讲授语文、历史、地理、美术、音乐、体育等课程。他多次资助生活困难的学生，帮助辍学学生回校读书。他辛勤耕耘近 50 年，直到 73 岁才退休，桃李满天下。潘文经热心提携后学，很多人后来成为广西书画领域的中坚力量。

潘文经艺术馆建在中渡古镇的北门旁，总建筑面积 516 平方米，分为上下两层空间，展示潘文经生平艺术成就、书画作品等。馆内二楼陈列有潘文经于 1987 年至 1989 年间创作的梅花图系列，名“风梅”“雨梅”“雪梅”“晴梅”“云梅”“月梅”“落梅”“红梅”“白梅”“绿萼梅”“蜡

潘文经艺术馆　中渡镇人民政府 / 供图

潘文经《梅樱图》
中渡镇人民政府／供图

梅”“墨梅”，一组 12 幅，整体气韵非凡。

在中渡的文化名人中，有一位富有传奇色彩的人物——韦晓萍。

韦晓萍（1917—2006 年），中渡镇寨上村人。他少年聪颖，年仅 16 岁就编著出版《中国地理表解》一书。抗战初期，韦晓萍进入武昌中华大学文学院就读。由于文才出众、笔锋犀利、正气浩然，后被聘为汉口《奋勉》周刊编辑，译有《日本经济解剖》一书。武汉沦陷前夕，韦晓萍返回家乡中渡寨上村，担任中心小学教导主任。1944 年，他任香港《天文台评论报》(渝版)总编辑兼重庆《民语报》主笔，自办《褒贬周刊》任社长兼总主笔。抗日战争时期，他用手中之笔声讨日本帝国主义的侵华罪行，受到爱国人士的关注和赞许。

抗战胜利后，1946 年，韦晓萍到南京就任《文艺先锋》月刊编辑兼南京《建中周报》总编辑、总主笔，当选中华全国文艺作家协会理事兼组织组长。他以运粮官员盗卖、贪污国家粮食为主题，创作中篇小说《风箱峡》，在重庆《新蜀报》副刊连载后，在当地引起强烈反响。之后，他还受聘过新加坡《总汇报》驻南京特派员、《广西日报》驻南京记者，回广西担任过《广西日报》总社主任、《广西日报》桂林分社社长等。他撰写的稿件多在新加坡以及我国济南、徐州、桂林、南宁、柳州等地发表，当时被誉为新闻特写"八大名笔"之一。

在鹿寨县文史专家沈光明的《中渡诗人韦晓萍》一文中，写到韦晓萍曾写给香港友人的诗句"乱世身如一浮叶，谢君邀续少年游"，及回复新加坡《总汇报》的诗句"出海茫茫意已消，图名谋利两无聊，零丁洋外飘零去，回首国门一梦遥"，这些诗句让人感受到其深厚的爱国之情。

晚年的韦晓萍，专注于柳州市民俗、方志的研究。1986 年，年近古稀的韦晓萍受聘为《柳北区志》主编，他远赴国内多个城市的图书馆，查阅收集历史典籍，经过长达 7 年的潜心编纂，完成了 44 万字的《柳北区志》。令人感动的是，对辛劳所得的奖金他分文未取，全部捐献给了灾区。

1997 年至 2004 年间，年逾 80 的韦晓萍先后受聘《鱼峰区志》《城中区志》总纂，并编写出版《柳州市民俗志》《柳州市工业志·柳北区工业》等，经其手撰编纂的史料达 260 多万字。

2006 年 2 月，韦晓萍在病榻上提交了入党申请书。他的入党申请书是请人代笔的，申请书中写道：他在旧社会艰辛跋涉，寻求救国真理。直到新中国成立，更加认识到没有共产党就没有新中国。1949 年初，他拒绝随国民党去台湾，谢绝在香港定居，不接受在新加坡工作，从海外回到中国，后在柳州市政府任秘书，走上为人民服务的道路。他始终坚信拥护共产党没有错，一心一意为人民服务是他的理想和抱负。他日夜都渴望紧靠党组织，在晚年时期更为迫切，诚心志愿加入中国共产党。3 月 9 日，柳州市柳北区委在医院病房为他举行了特殊的入党宣誓仪式。韦晓萍实现了生前加入中国共产党的愿望。

墨香传佳话，传奇映星辰。斯人已逝，那些带着光芒的历程，还在散发跨越时空的魅力。

载入中渡史册的历史人物有文人也有武将，还有的是文武双全。在当年新、旧桂系军阀争夺广西统治权的战争中，鹿寨县境域出现过 20 多个新、旧桂系的将军。其中中渡的梁寿笙是个具有文韬武略的将领，他曾义无反顾投身抗日战场，在史册留下光辉的一笔。

梁寿笙（1907—1945 年），中渡镇北街人。1926 年，19 岁的梁寿笙考入黄埔军校，毕业后开始了戎马倥偬的岁月，历任桂系军队中的排、连、营长及军事教官，后被提升为陆军少将，是当时桂系幕府中最年轻的高级幕僚。

1938 年，作为第五战区长官司令部少将高级参谋的梁寿笙协助李宗仁调动部队作战，在台儿庄取得重创日寇板垣和矶谷师团所部的重大胜利。战后，梁寿笙获国民政府军事委员会授予海陆空军甲种一等奖章、胜利勋章、三等云麾勋章各一枚。在抗击日寇的随枣战役中，他再次协助李宗仁指挥作战，取得胜利，又一次获云麾勋章。

梁寿笙历史图像　中共鹿寨县委宣传部 / 供图

1944年春，梁寿笙被提升任命为国民政府军事委员会中将高参，派驻广西绥靖公署。后因肺癌病逝于中渡县城。

精于战事的梁寿笙对旧体诗词颇为喜爱，台儿庄大捷前的1935年，他曾随广西当局派遣的军事代表团出访安南（即越南）。有一天登高望远，看雨雾交织，笼罩苍茫大地，他不禁思绪翻滚，感慨遍地烽烟、家国危难，当即吟赋一首七律《过镇南关》，拳拳之心让人动容：“驱车直驶出南关，阡陌纵横路几弯？衰草何曾忘雨露，蛮烟依旧锁江山！每舒醉眼怜羸苦，欲把雄心起孺顽。倘得甲兵过十万，重将铜柱树人间。”梁寿笙还写过《大军作战之研究》及《闪电战术》两部专著，曾被列为当时陆军大学的教材。

在中渡镇南街上，还有一座有故事的建筑隐于民居之中，那就是钟秀杰故居。这座老屋的故事，来自曾经的主人。

钟秀杰（1877—1941年），中渡镇南街人。他自幼笃学务实，考秀才时名列榜首。1899年，钟秀杰东渡日本考察维新之道，于1905年加入孙中山领导的中国同盟会，是中国同盟会最早会员之一。1907年，钟秀杰回国参加同盟会广西支部活动，在广西巡警道署任职，兼在广西警察学堂及陆军测量学堂执教。1921年，钟秀杰回中渡省亲时恰遇沈鸿英残部流窜中渡附近，县知事潜逃。危急时刻，在民众的推举下，上级特加委任钟秀杰为中渡知事。

钟秀杰为人廉洁正直，勤政爱民。他在担任中渡知事

上：钟秀杰旧居　中共鹿寨县委宣传部 / 供图

下：钟秀杰旧居内景　中共鹿寨县委宣传部 / 供图

期间，革除县政积弊，废除苛捐杂税，并发布公告，刻诸石碑，此举大获民心。立于中渡大码头的石碑《中渡县公署布告》，其上字句“照得县署陋见流毒，相沿已久，若不力行革除，其为害人民不知伊于胡底。……省议会咨请将议决各县之抄录费、戳记费、挂号费、抄批费；又抄录费、千方之讼词费、开票费、传票费、带案费、敷堂费、传供费、笼口费、传送柴水费、领状费、开锁费、捉堂费等项，亟应概行革除……勒石俾众周知照布”，见证了时任知事的钟秀杰革除积弊的果决。

1937 年，看到古镇有人义捐资财、购买船只、免费为两岸群众摆渡洛江，钟秀杰撰写一文，题为《义渡记》。鹿寨县文史专家吴狄曾撰文评价这是一篇优美的抒情散文，“以简洁生动的文笔，翔实地勾勒了山川河流、古城沿革，特别是洛江的历史人文风貌；他还以抒情流畅的词语，热情赞颂讴歌古往今来，仁人志士见义勇为，毁家纾难的博大胸怀与崇高形象”。

古镇上，那些风云变幻中的故人与旧事，被洛江的柔波带入历史长河，向着遥远的时空缓缓流淌。我们只有在回顾时，才发现这些故事并没有远逝，一直在江面泛着微光。

民俗礼祀

▼中渡城隍庙会的标配是『五福』，即上香祈福、城隍爷巡城送福、山歌彩调唱福、和家宴送福、灯会传福。其中穿插有草编竹编等手工艺品展示、拔河比赛、春擂盆等活动。

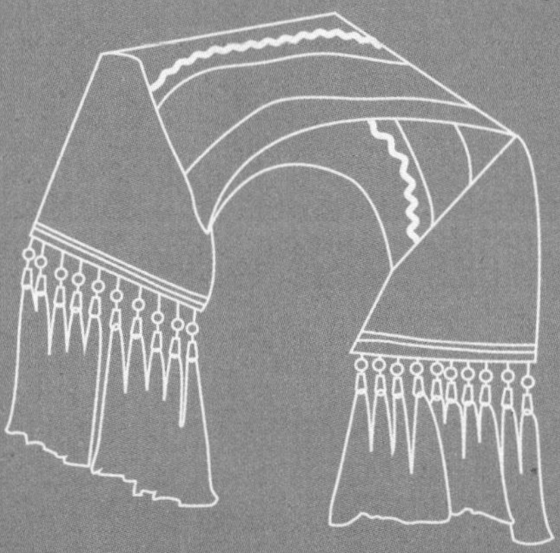

武圣宫里的几位神仙

从古镇历史上的空间格局来看，中渡武圣宫与县政府旧址分据上、下两个核心点。而从民居密集区域的角度来看，处于中心位置的应是武圣宫，东南边的榕荫古渡大码头是进出古镇的咽喉要道，武圣宫所处的相当于人体的心脏位置。其建在西街这支“箭”的上端和偏前端，暗藏心灵归宿及神灵在上护佑民生的意味。这一切，只有中渡的先人，才是最好的解答者。

中渡武圣宫和国内很多地方的关帝庙一样，是为缅怀和祭祀三国历史人物关羽而修建。

民俗中，关羽是集中华传统优良品质——忠、义、勇、武、仁、信于一身的代表。中国的关帝信仰在隋唐时期已开始出现，后世逐渐盛行与发展。至清朝，雍正三年（1725 年）颁诏命令，每年春、秋举行两次仪轨祭祀关帝，全国各地都要修建关帝庙。可以说，关帝庙在当时是无处不在的。清代赵翼在《陔余丛考》中描述道，“凡儿童妇女，无有不震其威灵者。香火之盛，将与天地同不朽”。

可以想见当时关帝崇拜的盛况。

鹿寨县博物馆馆长黄小斌在《鹿寨文史资料》中曾撰文讲述关于修建中渡武圣宫的传说。明代广西农民起义如火如荼，韦银豹、韦银虎、覃万贤等农民起义军发展迅猛，短时间内从几百人迅速增扩至上千人。明朝执政者十分惊慌，隆庆四年（1570年），“皇帝任俞大猷（福建晋江人，两广总兵官）为总兵，调集左、右两江及湖、浙等地数十万官兵，率兵直赴洛容（今中渡镇）、柳城等地，镇压壮、瑶农民起义”。

经过研讨作战计划，俞大猷的左将马良江率2万将士出征洛容县，讨伐农民起义军。马良江率部抵达洛容县城对河后，安营扎寨，等待时机。面对生疏的环境、复杂的地形、骁勇善战的农民军，马良江隐隐感觉此战不容乐观。是夜，江风温润催人眠，但他却在帐中独面营灯，思虑良久，辗转反侧，难以安睡。恍惚间，一名身高九尺、手持青龙偃月刀的红脸大将策动赤兔马奔驰而至，告诉他明日卯时出兵，保他征战功成，说完隐去。

马良江猛然惊醒，那一骑绝尘的，似乎是武圣关羽……难道是关公托梦指点迷津？翌日，马良江依梦中关公所言，于卯时出兵。开战不久，突然天降大雨，马良江正自挠首，苦恼雨势太猛，影响作战速度。未曾想一声霹雳惊雷，空中现出三个影子，正是关公、关平、周仓。关公横起青龙偃月刀，顿时风吟雨啸，天昏地暗……这一战，马良江旗开得胜。之后，念及关公指点迷津，马良江在距洛容县城（今中渡旧县村）2千米处为关公建庙塑像，长奉香烛。

当然，这只是民间传说。传说中所述中渡武圣宫修建时间在明代，而据《鹿寨县志》记载，武圣宫最早建于清乾隆年间。

“匹马斩颜良河北英雄皆丧胆，单刀赴鲁肃江南才子尽寒心。”这是中渡武圣宫里，关羽与关平、周仓塑像两边的对联。武圣宫里关羽塑像有着长方形的红脸，关羽的姿态不是常见的捋“美须髯”手势，而是一手搭膝，一手持书。黄小斌在描述中渡民间传说中武圣宫里关羽的“红脸”时写道，马良江为感恩关公，为关公建庙塑像供奉香火。有天晚上，他梦到了关羽，并特意仔细看清关羽的相貌。之后，他找来当地画师，嘱画师按其梦中所见为关羽画像。哪知画师心不在焉，投机取巧，在画到关羽的面色时，用手指随意蘸上红颜料抹涂几笔，简单了事。马良江看后，气得大声斥责画师。一时间，原本晴朗的天空也爆起一声响雷，好像连关公自己也不满意给他的扮相了。当然，这仍旧是个传说。“红脸关公”是没错的，只是关公的面色是“面如重枣”的黑里透红，不是传说中画师的这个画法。

在最早记载关羽事迹的《三国志》中，没有提及关羽的面色，只说其为“美须髯”。在后来不断的艺术创作中，关羽的脸才渐渐被“上色”。如有“面如紫玉”“丹脸”“挣枣色”等描述。元刻本杂剧里就唱到关羽的长相“绛云也似丹甘若频婆”，还有“红馥馥双脸胭脂般赤，黑真真三柳美髯垂”。这里面的“丹脸”和“胭脂般赤”，都是对关羽的脸“上色”了。如今世人心目中关羽的红脸，基本定格在明代罗贯中的历史小说《三国演义》中的描述：“身长九尺，髯长一尺八寸，面如重枣，唇若涂朱，丹凤眼，卧蚕眉，相貌堂堂，威风凛凛”，也就是“面如重枣”。在艺术作品中，这样的脸色更能彰显关羽的赤诚之心、刚勇品性。

至于手持书卷，夜观《春秋》，这其实也是关羽的经典

越过武圣宫的屋脊看到西眉山　陈映月 / 摄

造像之一。民间把关羽作为忠义的化身，也有奉为“武财神”的，他的造像姿态形成了一些固定的模式，如招财镇宅消灾的横刀关公、立刀关公、提刀关公，又如寓意马到成功的骑马关公，还有捧读经卷的文关公等。

中渡武圣宫里的关羽，是持书端坐的文关公。中渡具有崇文尚武之风气，关羽秉烛读《春秋》是对这种良好风气的最好诠释。

“夜分亹亹阅《春秋》，蜀汉英雄第一流。刃绝文颜威大振，计吞吴魏志难酬。当时义勇倾三国，万古祠堂遍九州。阶下苍松高百尺，气冲霄汉未能休。”“胡班潜至厅前，见关公左手绰髯，于灯下凭几看书。”这些分别是明代诗作《谒解庙》、罗贯中《三国演义》中关羽夜读的场景。《春秋》包罗万象，其中记录了春秋年间发生的重大战争，从

武圣宫的香火很旺　陈映月／摄

中不仅可了解春秋时代诸国形势，还可研读治国治兵方略。关羽既读《春秋》，当然深得《春秋》大义，忠诚守信，义薄云天，这也符合中国传统文化由古至今的价值取向。

中渡人在武圣宫中供奉关羽持书读《春秋》的塑像，彰显了他们的主流价值取向。中渡历史上不断出现有名的文人与武将，他们正是在这样一种文化氛围中孕育成长起来的。

话说关公红脸、手捧经典，那都是常态。倒是城隍爷居于武圣宫，让人感到有些新奇。

武圣宫正厅供奉的是关羽，关羽两侧为关平、周仓；正厅右侧是城隍爷，左侧是土地公土地婆；在右边耳房，还供奉着观音大士。这种一庙供奉多个体系神仙的情况，在国内的关帝庙中是不多见的。

城隍爷为何不在他自己的城隍庙而在武圣宫呢？中渡城隍庙旧址位于鹰山背，约始建于宋朝时期。关于旧城隍庙，在《鹿寨县志》里记载了一个民间传说。相传在清朝光绪十年（1884 年），北京城内太和殿失火。中渡城隍前往救火，太和殿上空出现“鹰山城隍”灯笼一对。火灭后，光绪皇帝念鹰山城隍救火有功，询知鹰山城隍即中渡城隍，遂赐“膏泽庇荫”木匾一块，挂入中渡城隍庙内，匾上刻有玉玺、龙头。民国期间，旧城隍庙被毁，群众遂把中渡城隍老爷请至中渡武庙。当然“救火”是传说，光绪皇帝御赐的匾却是真实存在的，目前收藏于鹿寨县博物馆，其

武圣宫的屋脊样式　陈映月／摄

真实来历不得而知。

民国期间，旧城隍庙被毁，中渡群众将城隍爷塑像藏到鹰山半山腰的苗子岩，塑像才得以保全金身。由于中渡素有城隍爷巡街的习俗，每年农历五月二十八日，民众都要到苗子岩抬城隍爷塑像下山，一来二去，大家感到很不方便，最后商议，为了便于祀奉，于民国十七年（1928 年）将城隍爷请进了中渡武圣宫关公的庙宇。相当于关公庙与城隍庙合为一址。一庙多神的格局就此延续。

注重商业贸易的岭南人，其宗教信仰观更偏向于简约实用，带有一定功利性。邻里乡亲不会因信仰不同而有所分别，不管拜的是哪一路神仙，大家都有共同的祈愿，那就是求福、求财。故庙宇中有

多神的设置与呈现不足为奇。多方神灵互不干扰，各司其职，护佑自己的信众，皆大欢喜。在南宁市邕宁区蒲庙镇的五圣宫，同样也是一方庙宇供奉着多方神灵：北帝、龙母、天后、伏波及三界五圣。各路神仙和睦相处，在一方庙宇里共享盛世香火。

说到这里，再回过头来看看中渡武圣宫里几座神灵塑像上方的横匾，就一目了然了。关羽塑像上方的横匾为“忠义千秋”，城隍爷塑像上方横匾写着“福泽桑梓”，土地公

武圣宫的屋顶装饰　陈映月／摄

土地婆塑像上方横匾为“招财进宝”，观音大士塑像的横匾则是“慈航普度”，众神真是各司其职。民间有句歇后语“城隍庙里朝观音——走错了门”，这句话放在中渡来看，那还真是没走错门。

城隍庙会与和家宴

在民间的信仰活动中，城隍爷是一方城池的保护神，负有守卫地方平安、护佑百姓吉顺的职责。从“城”与“隍”的字面含义来解析，城隍最早是“城墙”与“城壕”组合、形成安全防护的化身，是物质图腾；后来，城隍逐渐被赋予人格，那些人间的正直正义、对民有功绩、为民所崇敬者，在去世后也被人们奉为城隍神灵以纪念，谓为“功施于民则祀之”。这样的神灵身上，寄寓着人们美好的愿望，同时也是人们向上崇善的伦理道德标准的化身。可谓“立城隍神，使人知畏，人有所畏，则不敢妄为”，这是告诫人们有所敬畏，不可胡作非为。如杭州把清廉刚直的周新奉为城隍，忠烈英雄文天祥当过南京城隍等。由于城隍之职为世人所推举，有的地方还有好几任城隍爷，上海城隍庙里就供奉着霍光、秦裕伯、陈化成三位城隍爷。

而在柳州的民间，有着柳宗元去世后当了柳州城隍爷的说法。唐宪宗元和十年（815 年），柳宗元到柳州担任刺史，在柳州的 4 年里，他做了很多有益于人民的事——栽树挖井，释放奴婢，废除陋习，兴办学堂等，正是“官为民役，利安元元”。他留给柳州人民的是正义的形象，是正能量的化身，因此为柳州百姓所拥戴。在他的诗句中更有一句“只因长作龙城守”，这一句“守护”之诗，为他与柳州的生死相守定格。元代辛文房《唐才子传》有“宗元在柳，多惠政。及卒，百姓追慕，立祠享祀，血食至今”。可以说，柳州民间把他奉为城隍爷祀奉，是有道理的。

在明代，朱元璋严格规定了城隍的等级，分为都、府、州、县四个级别。城隍守护的是一方百姓平安，各地有自己专属的城隍，地域级别不同，城隍爷的级别也就有所高低。那么依照此义，从管辖范围来看，中渡的城隍爷应是比柳州城隍爷低一个级别的“爷”。这位“爷”穿官服、戴官帽，手持短笏，也是一副庄重清明的形象。中渡的城隍爷，不是哪一位英雄人物的化身，但一定还是那个统一的标准，是人们心目中为民爱民护民佑民的精神图腾。

在旧时，国内不少地方有组织城隍庙会的习俗，为祈求一方平安，人们会在清明节、中元节或者农历五月中的某一天，将城隍爷塑像抬出城隍庙出街巡游，隆重热闹，极具仪式感。如今，保持巡游活动的地方渐渐少了。而在中渡，每年农历五月二十八（据说这天是中渡城隍的诞辰）举行的城隍庙会，依然十分隆重热烈，城隍爷出街巡游的习俗还在延续。

中渡城隍庙会始于清雍正年间，距今已有约三百年历

庙会巡游　中渡镇人民政府 / 供图

史。20 世纪 50 年代起，中渡城隍庙会曾一度停办。直到 2005 年 5 月，中渡人自发捐资重修庙宇再塑神像之后，中断了半个世纪的庙会活动才开始恢复。2018 年，中渡城隍庙会被列入广西壮族自治区第七批自治区级非物质文化遗产代表性项目名录。

中渡城隍庙会中有“五福”，即上香祈福、城隍爷巡城送福、山歌彩调唱福、和家宴送福、灯会传福。整个庙会过程除了传统的烧香祈福、城隍爷巡游、和家宴，唱彩调、山歌、桂剧以及舂擂盆，还有放花灯、民间手工艺品展示、特色美食一条街、拔河比赛等现代文化娱乐项目，活动丰富多彩。庙会不仅是一次礼祀的仪式，还是一个展示民间艺术的平台，更是传承民俗文化的一种载体。

中渡城隍庙会活动除了城隍爷巡城送福这个重要环节，还有一个重头戏是和家宴。这是中渡一项独特的民间习俗，是群众关注度与参与度很高、颇能体现幸福指数与情绪价值的活动。

在中渡，古时就有吃和饭的习俗，和家宴就是由吃和饭演变而来的。

旧时汇聚中渡的商贾多为客家人，邻里、主宾因生意、私交来往日益增多，感情逐渐深厚。因此，民间商会理事会在策划城隍庙会活动时，发动当地富商等集资筹款，庙会巡游活动结束后，当天傍晚，本乡或本街“合得来”的邻里乡亲、外地客商聚在一起吃团圆饭。大家互相问候，畅谈交流，话题内容一般是当年气候、作物收成、农事计划、生意经营等。为筹备和饭，各家各户共同动手做菜。在古镇东、西、南、北四条街道上摆起圆桌，一张接一张呈长龙状，场面热烈壮观。开饭时，所有人共同举杯，祝愿彼此健康吉祥，家族兴旺发达。族长、街长则利用这个“饭局”的大好时机，宣传街规民约、家风家训，教育和引导大家和睦相处，团结一致，把生活越过越好。

旧时吃和饭，还有戏可看。武圣宫前面的空地，从前有个硕大的木石结构的圆形戏台，建于同治三年（1864年），戏台周边可容纳两三百人围聚观看表演。庙会组织者会用筹集而来的活动经费包下剧目供大家观看，有京剧、桂剧或者彩调。如此“和饭”，当然是越吃越香，越吃越热闹，街坊邻里越吃越团结。在这个过程中，大家进一步统一友善和睦的价值观，极大地增强了凝聚力和归属感。这种社交习俗，长久地保持着让人眷恋的魅力，在古镇人的情结和乡愁中占据着最温暖的位置。2012 年，中渡将“吃和饭”改称为“和家宴”，提升了“和”之格局。有“家”有“宴”，意味着更和谐，更温暖，更丰盛，一如深植于厚土的植物开出繁花。

2024 年 7 月 3 日，逢农历五月二十八，我们观摩了中渡城隍庙会。这年夏季雨水较之往年多，端午前后属“龙舟水”时期，更是有不少强对流天气。一大早，我和摄影师从柳州市区出发，走雒东公路再经由平山镇，快到中渡镇的时候，看到不少人骑着“电驴”或开着“三马车”去往中渡方向。突如其来的漫天大雨把前方道路模糊了，远近峰丛的轮廓在雨雾中渐渐化开。那些去往中渡的村民，并没有因为突如其来的暴雨而改变他们的节奏和方向。雨、人、车共同在移动中形成一种固定的姿态。

来到武圣宫，雨还未完全停歇，但这里已是香烟缭绕，人山人海。事实上，从头天晚上开始，武圣宫前的几个大香炉已经香火旺盛，上香祈福的人潮涌而至。

城隍爷出宫的时间还未到，被选当城隍爷的文官和武官角色的两名男子就已穿好服装，安静地坐在民俗协会办公室的天井里等待。可能怕把服装弄皱或弄乱，又或是提早酝酿情绪，总之两人端正坐着，纹丝不动。我们悄声问询其中一人，担的是什么角色任务。他说是“武官”，然后眼光示意靠在一边的宝剑。再问他来自哪条街，他说是下面村的。话语间，可见两人的脸上透出一些喜悦的神色。对村民来说，能够入选扮演城隍爷身边亲近的角色，应该是件荣幸的事吧。

上午 10 点 18 分，吉时已到，人们抬着城隍爷塑像开始出宫巡游。庙里庙外、各条街巷集聚着等待接福纳福的男女老少，零星小雨仍在下着，但挡不住人们的热情。

梁茂芳手持令旗，走在巡游队伍最前方，负责指挥巡游方向与路线。

目前担任中渡镇民俗文化协会会长的梁茂芳是中渡西街人，也是中渡城隍庙会的传承人。20 世纪 90 年代，他跟随前辈学习中渡城隍文化，了知中渡城隍的渊源、沿袭与祭祀巡游仪轨。从 2007 年起，他开始组织、协助开展中渡城隍庙会及相关活动。

紧跟其后的一组人员分别鸣锣、挑香炉、舞狮，举“肃静”“回避”牌，再之后是文官托印、武官执剑，城隍爷稳坐八抬大轿中，最后的队伍组合是金童玉女的花车、挺马、蚌壳、秧歌和腰鼓队等。

一干人马簇拥着城隍爷，热热闹闹，从武圣宫出发，经过接源街，逐一巡游东西南北几条街及西眉街，还有镇

上：鸣锣、举牌的队伍
陈映月 / 摄

中：舞狮　陈映月 / 摄

下：城隍爷稳坐八抬大轿
陈映月 / 摄

政府、文体广场等地，让城隍爷把福气送到古镇的家家户户。各条街巷的乡亲有的紧跟着队伍一同巡游，有的在自家门口摆上香案，置一香炉，插三支香，奉一杯清茶，清供礼祀并接福。这杯清茶也有说法，冲泡出来的茶汤颜色清白透亮，以此供奉城隍爷，寓意他老爷子也是清正廉洁

城隍爷巡街　陈映月 / 摄

祭品　中渡镇人民政府 / 供图

上：玉女花车　陈映月／摄

下：金童花车　陈映月／摄

之身。不过，既然城隍爷为世人所立，也就具有随时代变迁的特点，从前镇上有大户人家主动出钱买猪买羊，为接下来的和家宴加菜，渐渐也就形成了先用“五牲”供奉城隍爷，随后大家再在和家宴上共同分享的流程。只是在城隍爷巡游时，有的人家还是沿袭传统，以清茶祀之。

上：蚌壳　陈映月／摄
下：挺马　陈映月／摄

听老人讲，旧时庙会规模大的时候，光巡游队伍就超过 500 人。而且从前对参与巡游的人员是有些要求的，比如抬轿人需提前几天到城隍庙里住下，素食静坐，净身收心。只有身心洁净才配得上给城隍爷抬轿子，这也表示亲近城隍爷需持一份素心、恭敬心。

如今在队伍的人员配置上讲求简洁，选人的标准已无

文官武官　陈映月／摄

太多讲究，在保持传统习俗与氛围的同时，依时依势对各项要求进行调整，以期新旧和谐交融、圆满呈现。但不管怎么调整，安全问题永远是组织者放在第一位考量的。可能没有人注意到，除了巡游大组，还有不可或缺的保安组，保安组的组员负责巡视码头、维持秩序。另外，还有负责香火经营、煮菜烧茶、计算开支的后勤组等。各个大组里包含着小组，形成一套完整的运作系统。每个小组各司其职，默契配合，服务于整个庙会活动，缺一不可。这些服务人员从哪来呢？每条街都有名额分配，由街长召集本街

围观的群众　中渡镇人民政府 / 供图

合适人员参与。

巡游队伍抬着城隍爷塑像，在古镇街巷及一些主要场所巡游之后，中午时分，就将城隍爷塑像送回武圣宫了。之后，人们开始吃饭小憩。不多久，西眉歌台上开始传出悠扬的歌声，那是人们在唱彩调和对山歌。这些都是中渡城隍庙会活动内容的一部分。

下午，人们开始烹饪和家宴的菜肴。

在西街口护城河桥头，一些壮实的小伙子站在直径八九十厘米的大铁锅前，各抡一只锅铲不停翻炒。平时街上走动的以老人孩子居多，鲜见这样的年轻人。他们说，因为家里领到了这次活动的烹饪任务，他们便从外边赶回来出力。

街头大厨　陈映月／摄

锅里是五颜六色的细丁碎末。满锅食材在锅铲的搅拌下滑溜翻腾，看上去油水充足。厨师们烹饪的状态十分专注，我们问这是做的什么菜，回答是“毫细松，每年的固定菜谱”。

这盘菜算是和合众材之味，用了猪里脊肉、笋干、香芋、莲藕、马蹄、凉薯、黑木耳、香菇等众多食材。有的食材需先用水淀粉勾薄芡，后入胡椒粉、酱油、蚝油调味。按不同的顺序与处置方式，将食材入锅，以热油或煎炸或煸炒，起锅后再撒些花生碎末、香葱即可。这道菜谱的特点为“碎”，众多食材有切丁的、剁末的、研碎的，总之都要细碎，取之谐音“岁”。菜名全称是“岁岁平安毫细松”，寓意吃了毫细松，年年岁岁平平安安。还可以从另一个角度解读这道菜：各类食材均为古镇居民的日常食物，有各自的味道与特点，恰如众多亲朋好友欢聚一堂，共享自然赐予的食材之丰盛，共品人生的幸福滋味。

毫细松是中渡和家宴上的四大名菜之一。其他三款名菜也是各有说法，菜名都充满了仪式感，如“清正廉洁肚肺汤”“五谷丰登大杂烩”“团团圆圆酸甜肉圆”等。菜名各有寓意，表达了中渡人以为人清明为准则，以丰收团圆为期许，既有情操上的守则也有对物质生活的祈愿。

和家宴的餐桌上，还有不少特色菜肴。有大碗扣肉，肉片挤挤挨挨、紧紧相连，寓意邻里和睦；有荷叶白切鸡，以荷叶为盘、盛放清水煮好的鸡肉，取“荷”之谐音“和”，寄托如意祥和的愿望；还有擂盆辣椒和主食中渡干切粉等。

开餐了，事先交纳基本餐费的街坊乡亲与外来的客人围坐圆桌，共吃团圆饭，其乐融融，菜香和欢声笑语飘满了古镇的街巷。不仅东、南、西、北几条街，连西街口的桥上也摆了十来桌，雨后清风亦也可佐餐，别有一番风味。

现在是物流与信息极速交换的时代，如果有人爱上中渡和家宴上的某一款菜肴，可以毫不费力地收集食材与制作方法自行烹饪，但一定吃不出中渡的味道。一道菜可有

和家宴　陈映月／摄

和家宴　陈映月／摄

吃完和家宴后回家的老人　陈映月 / 摄

其名有其物，假若无其意无其蕴，那就不是那个味。正如乡愁都是一种愁，但乡愁却有千般味。

细细追溯与咀嚼，这样的“和饭”“和家宴”，其中蕴藏的深意似乎比一顿餐食更有味道。

可以说，“和”是国人一脉相承的文化基因。《尚书·尧典》“九族既睦，平章百姓。百姓昭明，协和万邦，黎明于变时雍”中的“协和万邦”，即尧帝以“和”之理念与天下诸国建立良好的关系。“和”的根系由此显现脉络。

西周末史伯提出“和实生物”的观点，“和”“能丰长而物归之”，指出“和”能生成万物，万物存于“和”的结构之中。庄子的“万物与我为一”，具象如“家和万事兴”“和气生财”等，以及内涵广泛的“以和为贵”，都可在其中看到“和”的价值所在。“和”蕴含着丰富的哲学思想与智慧，其理念是中华传统文化的核心与精髓。

中渡“和家宴”中的“和”，可次第理解为“和善”“和气”“和顺”“聚合”“和合”“融合”“和睦”“和谐”“和平”，乃至“合一”，既是人与人之间的“合一”，也是人与自然的“合一”。

西眉对歌

山歌是劳动人民在劳作和生活中沟通交流、抒发情感所唱的歌。这是一种根植于山乡田野的民间文艺形式，题材内容丰富，结构编排简洁，节奏韵律明快，情感自然

江上对歌　中渡镇人民政府／供图

质朴。

早在唐代，山歌在吴越一带就流传甚广。李益《送人南归》中的“无奈孤舟夕，山歌闻竹枝”，白居易《琵琶行》中的“岂无山歌与村笛”，对山歌这种文艺形式都有所提及。山歌配“孤舟”，山歌配“村笛”，这些场景具有一定的地域特色。而在岭南地区的古百越之地，少数民族能歌善舞，更爱唱山歌。可以说，在这里的配置是山歌配“山头”、山歌配“稻田”。古百越民族唱山歌的历史也十分久远，关于它的起源，有人认为最早可追溯到少数民族原始的祭祀礼仪，也有人说是基于这里的地理环境特点，山间田地生活

劳作的农民在沟通交流、传递信息时常常需要高声喊话，且拖长音调以引起对方注意，唱山歌便由此转化而来。不管源头在哪里，目前山歌所呈现的样貌是农民自发创作与积极传唱，其内容与生产生活、情感婚恋息息相关，联系紧密。

在柳州，传说唐代壮族歌仙刘三姐在民间传歌，后在鱼峰山下的小龙潭骑鱼飞天。一直以来，在鱼峰山下形成固定的对歌场所，山歌活动十分活跃。经常有人相约到此对歌，歌手唱得热烈，听众听得也兴奋，场面氛围感拉满。这是柳州特有的地方文化形态，也是柳州的一张城市名片。柳州的鱼峰歌圩具有浓郁的刘三姐文化特色，2016 年获文化部批复为国家公共文化服务体系示范区项目，成为颇具影响的柳州文化活动品牌。柳州每年举办的鱼峰歌圩全国山歌邀请赛，吸引了各地的山歌手来对歌，远近赶来围观听歌者甚众。

柳州山歌有多种形式，如独唱、联唱、对唱等，其中对唱也叫对歌，是最为常用的形式，也是最有趣最有看头的。对歌双方，你唱我和。这种形式除了趣味性，还具有竞技性，讲究依曲编词、即兴而唱，因为歌词内容涉及十分广泛，时事政策、天文地理、风俗礼仪、气象农事、历史传说、情感交友、婚丧嫁娶、日常琐碎，无所不包，连猜谜语也能入歌，假若没有一定的经验积累和反应速度，也就是没有“歌才”，那将是难以应对的。对歌中的男女

广场文化中的传统彩调表演
中共鹿寨县委宣传部 / 供图

鹿寨县群众学习彩调表演
中共鹿寨县委宣传部 / 供图

山歌王用公母腔即兴唱起山歌　朱英玉 / 摄

双方常常通过这种相互盘问唱答的形式，考察对方的见识才学。

传统的柳州山歌主要使用壮语和柳州方言两种语言，除此之外，还有侗、苗、瑶等多民族语种的山歌。歌词构成基本为七言四句，音律反复。最有听头的是，柳州山歌常用赋、比、兴的表现手法，听之嚼之颇有味道，有的比拟十分接地气，让人忍俊不禁。

被誉为“广西山歌之乡”的鹿寨县，是个壮、汉、瑶、回、侗、苗等多民族杂居的县份，壮族人口数量占比较大，鹿寨镇、平山镇、中渡镇等都居住着不少壮族群众，当地

盛装的歌手　陈映月 / 摄

人都很爱唱山歌。鹿寨县有多种语言、多种腔口的山歌，如客家山歌、瑶族红堂歌、壮族山歌；鹿寨腔、平山腔、龙江腔、寨沙腔、四排腔等。鹿寨县群众唱山歌有单声部、双声部等，单声部唱法较为明朗，适合山歌比赛时攻擂、守擂用。双声部唱法交错婉转，适合对情歌及表演。

作为柳州山歌的组成部分，鹿寨县的平山山歌 2007 年被列入广西壮族自治区第一批自治区级非物质文化遗产代表性项目名录。 平山山歌，是指鹿寨县以平山腔为代表的山歌，辐射鹿寨县平山镇、中渡镇。平山山歌的唱腔以本地的壮欢平山腔和屯秋腔为主，平山腔用汉话来演唱，屯秋腔用壮话来演唱。此外，还也有外地流传来的太平腔和桂柳腔。平山山歌属原生态双声部民歌，结构简单、音调悠扬、语言平实、情感真诚，主旋律全在中音区，唱词多为七言四句。平山山歌用双声部方式演唱，俗称公母腔。每队由两位歌手组成，一人主唱，另一人伴唱，起到衬托与和声的作用。主唱与伴唱两组音律有各自的轨迹，清晰可辨，时而交错互相映衬，时而重叠形成共鸣，极富感染力。

中渡镇与平山镇相邻，中渡群众唱山歌，也运用到双声部公母腔。中渡群众语言交流以桂柳话为主，歌手唱山歌以桂柳话发音较多。

桂柳话是西南官话的一种，广西桂林、柳州、河池、百色、来宾等城市百姓使用的都是这种方言。一般认为西南官话始于明朝人口迁徙，其中桂柳话的语音形成未见确切考证。桂柳话属于北方语系，除声调有所不同外，发音与普通话是十分相似的。

桂柳话对汉语拼音中的平舌和卷舌音没有分别，均以平舌发音，如“zh”（支）、“ch”（吃）、“sh”（师）的发音，为“z”（兹）、“c”（疵）、“s”（司），而“r”（日）发音为“y”（一），“er”（儿）发音为“e”（鹅）等。对于声调，桂柳话与普通话有所差别，也有规律可循，一般来说，普通话第一声（阴平）在桂柳话中也发第一声，个别数字有发第三声；普通话第二声（阳平）在桂柳话中发第三声；普通话第三声（上声）一般发第四声；普通话第四声（去声）一般发第二声。某些字词则发音完全不同，如桂柳话将普通话的“去”发音为“ke”（克），“鞋”发音为“hai”（孩），“角”发音为“guo”（国），“六”发音为“lu”（陆），“踢”发音为“dou”（斗），“蟹”发音“hɑi”（海）等。

有意思的是，正因为桂柳话的某些字词发音与普通话不同，所以当用普通话来唱桂柳话写就的山歌，有的歌词就不押韵了。但对桂柳话来说，是押韵的。比如《刘三姐》中陶秀才有一个唱段：

牛角不尖不过界，马尾不长不扫街；我若不是画眉鸟，怎敢飞到这山来。

用桂柳话发音，“界”“街”音均为“gai”，与“来”的韵脚是一致的，所以这个唱段是押韵的。

鹿寨县经常举办各个级别的山歌王擂台赛，现场编歌对歌，分出高下。每年春节，会在县城举办山歌会，鼓励群众和文艺工作者创作山歌剧、山歌小品，在县、村镇春晚上演出。平时，包括中渡镇在内的鹿寨各乡镇山歌爱好者，经常聚集在相对固定的地点，以歌会友，以歌传情。除了较具盛名的平山歌圩，中渡西眉山脚下的西眉歌台也十分热闹，是周边群众休闲娱乐的主要聚集点。

西眉山是中渡古镇的制高点，山顶是古炮楼遗址。西眉山草木葱茏披覆，山体圆润精巧。山脚下的西眉歌台面积有三四十平方米，略微高出地面，台面边缘自然随形，并不齐整。整个歌台被绿荫环抱，以山为背景，以树为帘幕，有山野添气韵，有绿树增幽情，这样的场景简直是对歌的绝配。如果在远处，可有只闻其声未见其人的效果，这反而对应了唱山歌的缘起——以歌声向一时抵达不了的远处传送信息，表情达意。这样的歌台，或者说歌圩形式，是一种乡村社会、居民邻里之间沟通的媒介。现代多元化的交流方式非但没有削弱歌台对歌的存在感，反而因其舒缓、诚挚、质朴、本真的调性，在时间的淘洗中历久弥珍。

中渡镇目前有 20 多名山歌手，其中 8 名被评为“四星级歌王”，2 人获广西山歌“王中王”称号。陶业朝和韦德运这一对师徒，均是广西山歌“王中王”，陶业朝还是柳州山歌（平山山歌）传承人。

1997 年出生的韦德运是一名景区工作人员，他从小就喜欢听奶奶唱山歌，对山歌有着特殊的感情。韦德运 10 岁开始在网络上学唱山歌，拜陶业朝为师后，系统化地学习了山歌演唱技巧、创作手法，并跟着师父到歌圩打擂台，演唱能力和创作水平都得到提升，推出了多种主题的山歌作品。韦德运将山歌巧妙地运用到工作中，编写景点山歌，在给游客解说时，会时不时唱上几句应景山歌，让游客感到十分有趣。韦德运说，除了师父的引领，自身努力也十分重要。在他们师徒身上，体现了文化精神与技艺精髓的传承。

有天中午，我们到中渡镇民俗文化协会办公室，刚好遇到几名山歌王莫丽秋、覃系德和贝学文，大家说着聊着，歌手们索性放开歌喉唱了起来。且听莫丽秋和覃系德神采飞扬、即兴发挥唱和相应：

昨夜梦见龙出海，今天美女中渡来；
我们唱歌来接待，唱首山歌抒情怀。

仔细辨析，在这短短几十个字里，蕴含着不少山歌文化信息：

两人唱的为双声部公母腔；用的是桂柳话发音；歌词构成为七言四句；体现的是山歌常用的迎宾主题；即兴演唱，

开口成歌。

此外，依桂柳话方言，试用汉语拼音与英语音标结合的方式来对这首迎宾歌的发音进行标注，大概是这样：

zuo ye mong gian long qü hai, gin tian mei nü zong du lai；

wngo men cang guo lai jie dai, cang sou san guo su qin huai。

唱歌的莫丽秋，家在西眉歌台西南边几百米处的中渡镇朝阳村山脚屯。村屯周围林林总总的小山头，特别适合山歌的迂回流转。莫丽秋说，平时如果不出去对歌，自己在家里也会唱几句。莫丽秋 10 余岁就开始跟着大人走家串户学唱山歌，是山歌养大的人。田里的禾稻也比不过她嘴里的山歌茂盛。她那张饱满红润的脸，也是山歌形象的标配。莫丽秋说她唱歌是“不晓得‘le’的（不会感到厌烦疲惫的）”“几天不唱会憋得难受”。她在提气唱歌的时候，眉间的那两道竖纹顺势撑开展平，整张脸庞显得更为饱满。从精神愉悦度来说，唱山歌真是养人的。

再细听中渡镇贝塘村的覃系德唱山歌，他的嗓音丝滑而不油腻，有弹性有质感，假如歌词本身有砂粒，那也会被这样的嗓音过滤掉。贝学文在中渡古镇景区游客中心工作，她经常把山歌唱到工作中。覃系德、贝学文和韦德运一样，都是90后，十分年轻，古老的山歌文化在年轻力量的驱动下更为鲜活了。年轻歌手身上都透出明朗而欢愉的气息，这就是被山歌润养的状态。

莫丽秋和丈夫罗李明同为中渡人，两人都是“四星级歌王”。罗李明以发生在中渡古镇的一些歌缘故事为素材写了一部章回体小说，用这种特别的形式来呈现山歌的魅力。书中有大量的山歌唱词、唱段以及与山歌相关的人物故事、对歌场面等，情节起伏，颇有趣味。里边还有因对唱山歌而传出佳话的故事。故事中的女歌手“画眉”和男歌手“鹦鹉”跟随各自的师父来到中渡镇参加民俗歌会。在香桥岩两人有一大段对歌，其中暗藏爱意，细细听来，味道十足。

（鹦鹉）南柯美梦无奈何，今日缘遇要斟酌；莫负相逢乐歌唱，空令风流易蹉跎。

（小画眉）两宿相隔千山重，喜得香桥巧相逢；有翅不比彩凤翼，但有灵犀一点通。

（鹦鹉）夜梦鲜花在园中，自知平生少难逢；心有余力难伸手，想进花园路不通。

（小画眉）画眉飞过高山坡，路遥展翅肚饥渴；恰遇坡上杨梅树，想落树上来筑窝。

（鹦鹉）香桥巧缘遇花魁，痴人觊觎欲带归；有谁怜我莫空手，撮合山鸟比翼飞。

（小画眉）山歌传情意绵绵，欲求带绾结同年；先学山中藤缠树，才知碧沼并蒂莲。

…………

如此对歌，可谓歌有韵人有情，起兴、赋形、作比，巧妙委婉，耐人寻味。

话说回来，不管会不会从山歌文化的角度来欣赏山歌，就是听个节奏、韵律，听个唱词、氛围，那也是十分有趣的。

广西“荣誉山歌王”宋庆刚送我一本由他编著的《鹿寨风情山歌选》，书中有他本人创作的山歌，也有他从其他歌手的歌唱中挑选出来的山歌。书中内容涉及广泛，有对山乡巨变的赞叹、自然风物的咏唱、英雄人物的讴歌，还有原生态的敬茶、敬酒、祝寿等风俗礼仪歌。其中，原汁原味的情歌十分有趣。山歌文化中，唱得最多且最受欢迎的还是情歌。我特别翻看了《鹿寨风情山歌选》中的“情歌”章节，居然还细分到初会歌、探情歌、聊情歌、誓情歌、分离歌、断情歌、拒情歌等。

比如初会歌，用于男女初次见面以歌交友，表达诚意：

初逢小鸟初逢春，初同阿哥开歌声；得哥同妹来伴唱，好比棉线遇缝针。

又如探情歌，用于男女交往后，以歌探测对方意向：

见妹生得白西西，好比冬瓜修了皮，冬瓜修皮心还在，问妹留心到几时？

还有“誓情歌”和“聊情歌”，都写得十分活泼。誓情歌：

（男）猫为老鼠守洞口，哥为情妹心担忧；四处滩头人放钓，哥怕情妹上人钩。

（女）一条江水清悠悠，鲤鱼一沉又一浮；别人吊钩妹不想，只等阿哥金吊钩。

聊情歌：

（男）灯草剥皮就见心，龙眼剥肉就见仁；黄豆剥壳就见籽，哥妹真心就见情。

（女）风吹云散见太阳，榨了甘蔗就见糖；河干就见石头现，寒露过了就见霜（双）。

在中渡，除了唱山歌，群众还喜欢彩调。每年的中渡城隍庙会，西眉歌台上除了有人唱山歌，少不了演出彩调剧。

彩调剧属于广西地方戏曲剧种，用桂柳方言演唱。彩调在广西分布很广，桂林、柳州、河池、百色等地群众都喜欢唱，最初在各地的名称都不一样，直到 1955 年才统一称为“彩调剧”。

彩调剧是在清末传入柳州境内的。据《鹿寨县志》记载，清光绪末年（1908 年），桂林永福县鸡石湾（永福彩调的发源地）彩调班到中渡连续演出两个月，深受群众欢迎，此为彩调进入鹿寨境内之始。民国二年（1913 年），象县师傅许老四在四排乡石庙村收徒教习彩调，从此，彩调在鹿寨境内开始扎根。民国时期，各地的主要是永福的名彩调艺人陆续到鹿寨村屯教彩调。

早在 2006 年，广西彩调已获国务院批准列入首批国家级非物质文化遗产代表性项目名录；2016 年，鹿寨彩调被收入广西壮族自治区第六批自治区级非物质文化遗产代表性项目名录，是桂北彩调的重要一支。之后，鹿寨县还被命名为“广西彩调之乡”。

彩调剧影响最大的是 1959 年由柳州市彩调剧团原创的剧目《刘三姐》，曾进中南海怀仁堂为中央领导演出，引起强烈反响。后来改编成电影《刘三姐》，为全国观众所追捧。

一种饱含民间信息的文艺形式，总是从最基层滋生、孕育、成长、成熟，它来源并扎根于民间的真实生活，不断地从中汲取营养。彩调剧就是这样的一种文艺形式，它很平民很“江湖”，扎根乡土民间，以百姓生活故事为题材，演农家事唱农家情，语言通俗易懂，表演幽默风趣，唱腔轻快活泼，“浑身上下”洋溢着欢乐的气息，被誉为“快乐

彩调剧被誉为“快乐的剧种” 陈映月 / 摄

的剧种”。彩调剧的舞台形象与现实生活中的人物毫无距离，所以很有代入感，能让观众十分“入戏”。

场景切换到 2024 年中渡城隍庙会当天，一出彩调剧的男主角在台下候场。

这位男主角看起来年岁不小了，描红抹绿，穿戴齐备，就站在观众中间的看台上，不同的是观众看的是剧情，男

台上台下都全情投入　陈映月 / 摄

熟悉的剧情　陈映月／摄

兴致勃勃的观众　陈映月／摄

主角看的是演出进度，把握上场时间。演员“混迹”于观众间共同看戏，给人的感受是戏里戏外无严格分界，角色跟常人无异。众人问这位男主角演的是什么，他说演“新郎”，迎娶他的“驼背新娘”。

快到他上场时，他开始旁若无人地念起了台词。这有点像接力赛跑中等待接棒的运动员，要先行启动小跑，跟上节奏，带出惯性，以保证无缝链接。“新郎”上场了。新角色上台，观众的注意力更集中了。台下观众密密麻麻，几层长长的石阶上坐着全是各村过来赶庙会和看戏的。台上的“新郎”发现台下生面孔熟面孔都有，似乎很兴奋，浑身都在发光。“驼背新娘”他是愈看愈喜欢，嘴里的唱词吐出来是那么清晰明朗，一串串的衬词“哪嗬嗨”“咿嗬嗨”“呦咿呦”唱得溜光水滑。彩调“三件宝”——扇子、手帕、彩带轮番上手，“矮步”走起来，“扇花”舞起来，剧情进入小高潮。演员状态一出来，观众一共情，氛围感饱满得要透过枝叶缝隙蒸腾到西眉山顶上。在场的观众都入戏了，台下三四层石阶上面坐着很多阿奶，先前边聊边看，后来停止了聊天专注看戏，笑容都忘了收，就这么一直挂在脸上。

不管是唱山歌还是彩调表演，素材都来源于生活日常，体现浓郁而质朴的民间文化特征。这样的民间文艺形式带有聚会、交流的功用，对乡镇之间、街坊邻里的情感与文化交流起到有益的促进作用。用现在流行的词来说，为乡邻们提供了一定的“情绪价值”。往大方面说，也积极调整着人与世界的关系，使之更趋向和谐。

在中渡，我们能看到唱山歌的歌手已有95后的年轻一代接力。相对来说，彩调的传承略显弱势。回顾20世纪50年代，鹿寨县曾先后成立业余彩调班30多个，外地的彩调团也不断来县内的各村镇交流，彩调演出十分活跃。20世纪80年代，鹿寨县的业余彩调团队有120多个，演出200多个彩调剧目，彩调演出呈现一片繁荣景象。如今，彩调依旧是这里的群众喜闻乐见的表演形式，逢年过节，公共场合上常有唱调子的人，彩调氛围浓郁。除了保有经典剧目，文艺工作者还创作了很多新彩调，用以宣传时事政策。文化系统开办成人及少儿彩调培训班、组织彩调进校园活动等。但是，彩调依然面临着演出队伍老龄化、断层等问题，应以什么样的面貌来呈现和传递，让年轻一代感受到传统文化的韵味与魅力，激发他们对这一艺术的热爱与传承意识，是老一代民间文艺家正在思考的问题。

烟火民生

▼在各种日常琐事的串联下，人物与时光、场域交织成一种寂静淡远的印象。

清泉润稻香

那天，我们在大码头上船，船夫带我们游览了一段水路。在逆流而上的途中，靠近两岸的江面上，飘着很多白色的星星点点。2018 年央视春晚《家国兴旺》公益宣传片中曾提到，流经中渡的洛江是一条“开花的河流”。船夫说，河面上盛开的就是海菜花。

海菜花是一种沉水草本植物，属于国家重点保护的珍稀濒危水生药用植物。这种花只在洁净的水域里出现，对其生长环境的水质要求极高。海菜花具有环境指示功能，被称为水质“风向标”。

当成群的海菜花开得繁茂，随着水的流向飘游，看似随波逐流，实际它们的根系深深地扎在水底，十分牢固。因为河水很清澈，海菜花根系的轮廓看得很清晰。每一条根系从水底抵达水面，迎着阳光探出一朵玉色的花来，冰清玉洁，自带仙气。远远看去，海菜花与水面的光影融为一体，洋洋洒洒，闪闪烁烁。海菜花的花瓣为三片，花白蕊黄，每片花瓣上有微微的褶皱，像水的波纹在上面荡漾

海菜花　朱英玉／摄

开来的痕迹。

研究发现，光照是影响海菜花生长的重要因素，只有清澈透明的水体，才能保证足够的光照透过水面，供给水下的海菜花茎叶，使其能够进行光合作用。如果水不够干净清澈，光线难以穿透水面，海菜花在这样的水域难以生存。水污花败，水清花开。一条开满海菜花的河流，它的繁茂是一种无声的花语，在向人们昭示，这一份洁白清幽来自纯净无染的水体。

洛江流经中渡后，在黄冕乡与清江汇合而成柳江的支流洛清江。这些年，当地人在黄冕镇黄冕村西岸屯的洛清江流域发现了国宝珍禽中华秋沙鸭。每年都有三四十只中华秋沙鸭千里迢迢从北方地区迁徙到此越冬。这种有着纤

中渡的良田　中渡镇人民政府／供图

长羽冠、黑色鳞纹的雁形目鸭科秋沙鸭属鸟类，是国家一级重点保护野生动物，也是全球性濒危物种，有着“鸟中大熊猫”之称。

资料显示，中华秋沙鸭是第三纪冰川末期遗留下来的古老物种，在地球上繁衍生息了一千多万年，目前全球不足 3000 只。中华秋沙鸭对生存环境的要求很高，喜欢栖息于清澈无污染的河滩、水岸。对水环境的要求严苛，这也可能是中华秋沙鸭濒危的原因之一。因此可以说，中华秋沙鸭是检验水质的指示物种。

海菜花和中华秋沙鸭都是优良水质的“试金石”，有它们共同“代言”，这水质是让人放心的。自生态环境部公布地级及以上城市国家地表水考核断面水环境质量排名以来，柳州自 2020 年起，已连续 5 年获得全国“水质冠军”。而在柳州考核断面所在的 7 处水体——浪溪江、融江、柳江、洛江（中渡河）、洛清江、石榴河、贝江，有 3 处即洛江（中渡河）、洛清江、石榴河在鹿寨县，其中洛江（中渡河）这一处水体就是洛江的中渡河段。

洛江中渡河段水质清冽，在一定程度上得益于洛江的“天生丽质”。中渡地处喀斯特（岩溶）地貌区域，特殊的岩溶生态系统为优质水资源的产生提供了重要条件。岩溶地貌多含石灰岩，石灰岩石主要成分为碳酸钙，当水与碳酸钙混合，所产生的溶解沉淀效应对水起到了一定的净化作用。

中渡的水稻种植历史悠久，有早稻、油黏红冬稻、粳稻、糯米等多种稻米。中渡大米煮饭香软细滑，胶稠度高，还带着质朴的微甜，十分适口。这跟当地的水质有着密切关系。优质的水源是孕育上乘稻米的基石。清澈的水质可促进水稻根系的呼吸作用，增强水稻吸收微量元素和矿物质的能力，对水稻品质至关重要。再加上中渡自然条件优越，自然环境和气候特点十分适合水稻种植。这里光照充足，雨量充沛，植物繁密常绿且自然枯腐堆积形成腐殖层，土壤有机质含量高，土质肥沃，保水保肥能力强。天时地利为中渡出产优质的水稻提供了有利的外部环境。

中渡的一些优质生态香米、丝苗米，耕作者利用地理优势，可做到种植全程都使用地下冷矿泉灌溉。有的大米加工基地，具有年产三四万吨的自动化大米生产线，为传统农业向现代化农业转型升级提供了有力保障。

我们从镇政府相关部门了解到，中渡镇全年种植水稻面积 2.5 万亩，大米销售模式主要为农户自产自销，少部分通过合作社外销，进入商场、交易市场等渠道流通。其中柳州市发展螺蛳粉产业，米粉加工生产链为中渡镇稻米提供了广阔的市场空间。如今，安全、健康、营养的有机生态稻米，受到越来越多人关注。建立餐桌上的“中渡大米”和富硒、高钙大米等绿色生态概念，是中渡镇创建区域公用品牌和提升稻米品质的主打方向。

中渡镇计划在优质大米产业实施品牌行动，其中一项就是创建一整套稻米品质溯源体系，完善从水稻育苗到餐桌全程溯源体系，让中渡大米生产的每个环节在阳光下运营，实现“一袋一码”溯源。消费者通过扫码，对稻米生长土壤和水源检测等信息都了解得清清楚楚。

在中渡镇马安村有一个农业观光旅游亮点——这里的“稻花香里”农业示范区种植着近千亩彩色稻谷，打造了广阔的“3D 艺术稻田”。祖祖辈辈在田地里埋头耕作的村民们怎么也没想到，时代发展的浪潮把他们转化成了“农民艺术家”。他们学会在插秧前画好所需图案，然后插上紫

艺术稻田　中渡镇人民政府 / 供图

色、黑色、黄色等不同品种、颜色的水稻秧苗。几个月后，随着水稻生长，预设的图案就会如愿呈现。从前的先民以地为席、以天为幕，不断顺应自然而获得生存的保障。如今的艺术稻田，可以说是以田地为画布、把水稻当画笔，创作农业人文作品，这种行为既饱实了仓廪，又浪漫了劳动生活。最重要的是一举几得，结合“种—养—休闲—餐饮”生态循环方式，于春耕秋收间把农业观光产业带动起来。

水为茶之父，水亦为酒之血，茶韵酒香，都离不开好水。洛江之水本清冽，而中渡一带的山泉水在地下深处循环更替，处于封闭环境，不受外界污染，形成独特的“微气候”，在这样的条件下，水质更为洁净，活而不燥。先秦典籍《礼记》记载酿酒六要素，“秫稻必齐，麴蘖必时，湛炽必洁，水泉必香，陶器必良，火齐必得”。我们由其中的“水泉必香”，可知水之于酒的重要性。

中渡之酒香，得益于当地“必香”的“水泉”。中渡从前有老牌子酒，名为“仙”，闻之饮之是让人轻飘欲仙不上头的。中渡的酿酒技术有历史渊源，可追溯至清乾隆年间。《鹿寨文史资料》中罗富忠撰文记载，清代前，中渡地区是苗、瑶、壮等少数民族同胞居住的地方，人口稀少，村落稀疏。清朝建立后，外来人员逐年增多。一些外来人员看到这地方山好、水好、土地好，料想将来一定会大有发展，于是他们办起了商业、小手工业、饮食业、采矿业、土法冶炼、铸造和水上运输业。当时，在这不足千户人家的小古镇内，就有五六家酿酒坊。清朝末期，吴氏“隆记”酒坊在当时颇具规模和名气。“隆记”酒坊聘请桂林和本地的高级酿酒师傅，利用从香桥地下河流出的洛江河水酿酒。酿出的酒特别醇香可口，故而销路广、销量大，供不应求。甚至传言香桥高粱酒在运输途中，酒香四溢，沿途的人闻之欲醉。当时，“隆记酒”为散装酒。有些精明的商人动了脑筋，将其买回重新贴牌包装，改为桶装酒，贴上“香桥仙酒”和“香桥渡酒”的商标。“香桥仙酒”之名取自中渡八景中的“香桥洞内远仙般”一景中的“仙”字，“香桥渡酒”之名则借中渡地名中的“渡”字。酒商将经过重新包装的两款酒请船运到香港，销路很好，获得酒客赞誉。除香港人外，很多到过香港的外国人也喝到了来自广西中渡的美酒。抗日战争爆发后，国内外形势日趋紧张，中渡再无人敢远出香港做生意。从此，风靡一时的“香桥仙酒”和“香桥渡酒”便在香港销声匿迹了。

新中国成立后，在恢复国民经济的大建设中，鹿寨县委、县政府利用中渡古镇优越的地理、自然条件和传承的酿酒技术等优势，在镇上办起了“中渡酒厂”。20 世纪 70 年代末，酒厂搬至城北郊山湾村潮水屯，更名为“鹿寨县香桥酒厂”。酿酒所用之水直接取自大山脚下潮水岩腹里流出的优质涌泉，水质甘清，一年四季涌流不断，产出更为醇和优质的香桥米酒和香桥高粱酒。然而，在历史发展的进程中，该酒厂覆没于经济浪潮之下。

所幸的是，柳府酒传承了中渡的酒脉与文脉，挺立于潮头之上。我们在去中渡镇福龙村的途中，看到柳府酒的酿酒生产基地。柳府酒的原生产厂家始建于 1945 年，是民国政府官办的“广西酒精厂”，以生产白酒、酒精为主。1954 年收归国有。20 世纪 70 年代，厂里打造了具有桂酒自身特色的“柳泉酒”，成为当时广西知名的“四泉”大曲酒之一，“柳泉”商标也成为广西知名白酒品牌。20 世纪 90 年代，“柳泉”商标遭抢注，转注册商标为“柳府”。2004 年，柳府酒的生产基地搬至中渡镇。2006 年，经历国企改制，有了如今的柳府酒业。

对于当年选择中渡作为酿酒生产基地，柳府酒业创始人唐克骅说，一是看中此处山清水秀，泉水清冽甘醇无污染；二是深切感受到这里的天光地气温润祥和。

当我们使用中渡天然山泉水泡茶时，发现即使清饮白水，也感到甘爽凉滑似玉。以这种弱碱性的泉水泡茶，茶汤更为轻悠甜柔，发香绵密持久，对茶的香韵呈现有增益作用。除了物理层面的影响，柳府酒业创始人唐克骅所感受到的“天光地气温润祥和”，优质大米、甘泉，以及温和、舒缓、洁净的气息磁场，都是成就中渡佳酿的自然密码。

最是那碗乡愁

凌晨三四点，夜色正浓，我们来到中渡镇大伦屯附近。这里有座厂房灯火通明，开始进入中渡干切粉的制作流程。

这家中渡干切粉厂的经营者是卢红梅夫妇。卢红梅是中渡镇人，也是中渡干切粉传统制作技艺传承人。2017年，她开始跟随师父陈子文学习制作干切粉。陈氏祖辈以制作干切粉为生，至今已传承四代。陈子文培养了徒弟卢红梅及本村众多的青年学徒，使中渡干切粉这项技艺得以传承发展。

在厂里，卢红梅的丈夫负责把控生产技术，而卢红梅负责对外跑销售、送货。男主内女主外，妥妥的“妇唱夫随”。厂子运转顺畅，生意不错。远在新加坡的同乡也向厂里购买中渡干切粉，干切粉还销往美国的一些华人地区。在这一带村屯，有着不少中渡干切粉的作坊和加工厂。中渡干切粉制作技艺已被列入广西壮族自治区第八批自治区级非物质文化遗产代表性项目名录。

民以食为天。一个地方的风土人情和生活习惯，在饮食上体现得最多。广西各地米粉花样众多，各具特色，中渡人的餐桌上也有一碗属于自己的米粉。

中渡干切粉制作所选取的原材料十分纯粹，四十八弄石山区种植出产的优质稻米，香软油滑；洛江之甘醴，洁净清甜。深层涌泉不仅是酿酒水源的上佳之选，对于米粉的制作来说，也是非常好的选择。原材料土生土长易得，而干切粉的制作工序却不简单。想把成分并不复杂的干切粉做好不是件易事，因为每个环节都需要细致地把控“度”。

制作者先将淘洗并泡好的大米磨成初浆，再以石磨加磨一次。两次磨浆，能让米浆更为细腻。米浆够细，成品米粉才够软滑。在磨出的生浆中调入适量熟浆，这道工序很重要，生熟配比与米浆稀稠度没有仪器可测，需要随机调整，全靠制作者自行把控。初浆调配好后，接下来的蒸粉、晒干（八成干）、叠粉、切丝、回晒、系粉包装等，没有哪个环节能够压缩或取消。制作一批次干切粉，待所有的工序全部完成，一般需要两到三天时间。

“不生不熟”“不稀不稠”“不干不湿”“不快不慢”……讲究似乎挺多，但又没有具体要求。事实上，讲的就是一个默契，一个心领神会，也是技法与心法的结合。这有点像中式烹饪里对调味料的使用，常常是“少许”“适量”，没有精确的克数，全凭手眼工夫。一些菜肴的制作方法，可以说是既严谨又宽松的。严谨的是环节，宽松的是心手相应的感觉。

我曾研习中国传统文化中的重要组成部分——中国香文化，对国人在调配香料时以心法为上也略有感悟。如中国香文化专著《香乘》中的香方，涉及用料配比时也极为精微，有香方如："甘松一两，除去杂土……白芷七钱半，丁皮三钱……"计量单位微至半钱，可见对物料分量精确度的要求也是不低的。古人制作和香，均讲求韵味、意蕴，并不仅仅局限于物质层面的香味。

中国传统文化中的饮食文化与香文化等，都强调技法与心法的结合。同样，在中渡干切粉的制作过程中，对米浆生与熟、稀与稠的调配，对蒸出粉皮的干与湿的把控，每个制作者的主观感受都不一样。有经验的制作者会随着季节、气温、空气干湿度等自然环境的变化来进行微调，使制作出来的米粉爽滑、脆口，有韧性，且质量保持稳定，口感趋于完美。这其实就是技法与心法的结合运用。

中渡干切粉制作的起源已无法追溯，也有说法是明清时期，中渡集市繁华，商贾往来频繁，当地群众为了方便客商携带充饥，遂将日常食用的米粉晒干，制成干粮，这样可长时间保存，便于携带。在水路航运中，可用水将米粉煮开或泡软，再加入调料、配上小菜即可食用饱腹。

其实在广西，除了中渡，也有不少地方会做干切粉，这跟岭南人民以大米为主角的饮食习惯有关。只是随着时间流逝，古老的美食制作技艺在有的地方已渐渐失去传承，而坚守的最终成了经典。

我的家乡在广西地处北回归线上的一个小村镇，我父亲的童年记忆也飘满了米粉的清香。父亲告诉我，当年家里的营生之一也是制作干切粉，基本上由他父亲和大哥、大姐操持。家里人将做好的干切粉拿到集市上卖，如果有人手上现钱不多，也可以拿米或油来交换。

制作干切粉的头天晚上，我姑妈先用水浸泡大米。第二天清早四五点钟，姑妈和她的兄弟开始用石磨磨浆，一人推磨，一人添米加水，将泡发的大米磨成细滑的米浆。在生米浆里调入适量熟米浆后，再将调好的米浆舀入铁托上锅蒸。每个铁托长、宽均为三四十厘米，一勺米浆即可薄铺一层，布浆时要薄厚均匀，以免蒸出的粉皮厚薄不均。生熟浆的配比需要个人凭经验把握，熟浆调得合适，做出的米粉软和、有韧劲；若配比不当，粉皮易破，之后的成

制作中渡干切粉　陈映月 / 摄

上：机器切粉　陈映月 / 摄

中、下：晒米粉　陈映月 / 摄

品也易碎易断。从铁托揭下的粉皮，5张为一摞，皮面间抹少许油以防互相粘连。将摞好的粉皮置于竹拼上，拿到阳光下晾晒。晒干之后还要经历烫软、压平、切条、束扎、回晒。最后称重，以6小扎米粉为1斤进行分装，这才算完成所有工序。我父亲说，那时家里劳动力有限，一次只可做出40斤米量的干切粉。

我父亲还专门提到，其中有个环节只有我的阿公才能操作，家里其他人都没那个本事，那就是切丝。在切丝环节，需将每根米粉切为2毫米宽，没有一定的刀工、手力和定力，那肯定切不好。切得太细易断，切得太粗米粉煮起来显糙，有人切得忽细忽粗，那米粉的品质就被这刀工给耽误了。如此看来，切丝的人重要，切丝的工具也重要。

如今，我们在中渡卢红梅家的干切粉生产车间里看到，已不需要人工手持刀具切丝，而是有了半自动的切粉机器。

干切粉的制作流程很多地方大同小异，不同之处在于品质。各地大米品质和水质，以及制作者的经验、对细节的处理等都对米粉的品质有着直接影响。一款品质好的干切粉，最得人心之处大抵在于水佳、米香、心手相应与阳光味吧！

而事实上，倘若抛开上述条件，对食用者来说，一碗有滋有味的米粉里，应该有着耐人咀嚼寻味、有形无形的东西，也许是家乡阳光的清香，也许是自己早年生活的一些平淡日常，总之是一丝一缕似有若无的情愫。往事并不

煮好的干切粉　陈映月／摄

如风，而是以另一种形态化解在一碗家常的米粉中。当一个人长大后远离故乡，那曾经安抚肠胃的米粉就化作了一碗淡淡的乡愁。

干切粉最初的制作目的，是便于保存和携带。而中渡人日常食用更多的，还是湿切粉，也就是上蒸后取出即食的米粉。食用时不需要像干切粉那样先用水泡软，而是当天做当天吃，将米粉在烧开的水中“冒热”一下，舀一勺事先做好的汤料，佐以配菜即可食用，方便快捷。

中渡有一种烹煮米粉的方式，只用木柴作为燃料，大家称之为中渡柴火粉。中渡柴火粉一般用湿米粉，从米粉的形状和口感上，食客可以有榨粉（圆条状）和切粉（扁条状）两种选择；从烹饪方式上，可选择汤粉或凉拌粉。中渡柴火粉的店家无论在煮汤、烫粉还是制作配菜和烤肉时，均用柴火。一碗配上叉烧、烧肠、

中渡柴火粉　陈映月／摄

脆皮五花的柴火粉里，飘荡出来的是满满的米香肉香和浓郁的烟火气。有特别喜好的，可在店家的配料台自行添加辣椒、葱花、韭菜、酸豆角、花生米等小菜。

中渡西眉街上有家柴火粉店，我们久不久会在那吃上一碗。有时老板娘会抱着未满周岁的孙子过来说说话。她说，40多年前她嫁到这里来，和丈夫一起开粉店直到现在。如今粉店从曾经的夫妻店转为父子店，算是有了传承。长大成人的儿子已接过家业，成为粉店的主要管理者。她和丈夫年事渐长，逐步“转型”为“技术指导”。这种传统的家族经营模式，在波澜不惊的古镇里年复一年地延续着，一家人辛勤劳作，用心经营，甘于寂寞，不受外界影响，如此反而吸引了更多来自他方的食客。

家族经营模式的粉店　朱英玉／摄

山寨与米粉，都是中渡人生活绕不开的元素。米粉饮食习惯渗透中渡人的生产生活，从一个故事中可见一二。《鹿寨文史资料》记载了罗富忠讲述的关于米粉岩名字的来历：听老辈人说，过去从外地迁来中渡的人，初时多在深山老寨里开荒种地，寨里大些的村子有一二十户人家，小点的村子只有一两户。人烟稀少，山路崎岖，进出寨里寨外都要爬山过坳，十分艰难。在这样的情况下，镇里有些商人将一些日用品和生产工具运到山里销售，再带些山货回镇上卖。渐渐的，深山里也形成一些小圩场，如龙排圩、油麻圩、清塘圩等，都是那时的古圩场。清朝年间，有个米粉师傅知道深山老寨的人难得吃上一碗米粉，于是决定到寨里卖米粉。经人指点，米粉师傅选定了一个岩洞作为住处和加工场地。岩洞不高，宽敞明亮，洞外有地下水，关键是这里距香桥九龙洞的龙排圩不远，做好米粉便运到圩市去卖。一家人搬进了岩洞里，在岩口凿了一个石舂用于舂谷舂米，开始了新的营生。这位师傅在山里制作和售卖米粉，果然生意红火。后来，人们把他们一家住过的岩洞叫作米粉岩。

中渡镇在明代（当时为平乐镇）已形成集市。崇祯十年（1637 年），著名地理学家徐霞客自桂下柳，经洛清江，其游记的相关记载中均有当地市肆和泊舟的码头。清代，雒容县（洛容县）有中渡圩、独宿圩、江口圩、导江圩、运江圩等众多圩市。

《鹿寨县志》(广西人民出版社，1996 年)讲述：民国《广西各县概况》记载，民国二十二年(1933 年)中渡县城市食料，以白米、玉米为主；山居之民，则食包粟、红薯，数月不得肉食……解放后，随着生产不断发展，生活水平逐步提高，饮食为人们所重视，一日三餐，注意吃饭定时定量，主副搭配，荤素调节。无论城乡终年以吃大米为主，辅以玉米、面粉、红薯等杂粮……

以大米为主角的传统饮食，与当地稻作农业紧密相关。

民国初期，中渡有谷米行市、粮油商行等。一份民国二十二年(1933 年)鹿寨当地 3 天 1 圩的各圩场基本情况表显示，中渡圩场数为全城街道，赶圩人数有 3000 人，上市的主要商品是谷米、杂货。相较其他圩场，如平山、黄冕、运江等圩场数和赶圩人数分别是“茅棚二间、500—600 人”“瓦房两座、2000 人”“瓦房两座、500 人”，中渡圩场的阵仗还是蛮大的。

1951 年鹿寨县成立后，中渡圩市还是保持较大的容纳量，设有谷米、糖、盐、牛、肉和鸡鸭等专门行业，国营商业部门和供销社利用集市收购农副产品，推销工业品，举办各类物资展销会，城乡贸易十分活跃。

依仗贸易兴盛的大背景，中渡的饮食业自然随之兴旺。民谚有“有酒好菜，中渡鹿寨”，可见中渡人脑子活络手工灵巧善制美食。《鹿寨县志》载，“民国时期中渡县城池炳记叉烧切粉、余官生酸水米粉（也称榨粉）、刘少卿肉酒汤粉等远近闻名，以粉质滑嫩、性韧、汤鲜、佐料可口、配菜多样各具特色，极受顾客青睐。小食品中的八宝饭、印模糕、灯盏馍、油糕、油堆、三角粽等均为众口称赞”。这里面提到的八宝饭、灯盏馍、油堆、三角粽等，都是中渡的传统特色小吃。这些小吃以粳米或糯米为原材料制作，既有共性又有个性。

每次到中渡，我们都会去中渡镇九龙市场逛逛，吃些

集市小吃　陈映月／摄

米食小吃。如果遇到圩日，市场里十分热闹，很多农民挑来自种的农产品在圩亭周围摆卖。平时，镇上不少居民也在圩亭的摊点上过早和吃中午。

水糕是将粳米磨成米浆后加入白糖或黄糖，上锅蒸熟即可食用。我第一次到中渡镇九龙市场的圩亭里，看到一些摊位上摆有一排上下相扣的小陶瓷碗。有顾客点单说要水糕，摊主拿起一个倒扣在上的小碗，用手中的勺子快速在碗边划一圈，剜出一块糕体，打包给顾客带走。在小碗里蒸熟的水糕小巧玲珑，洁白如玉，1 元 1 个，真是便宜。

中渡水糕吃起来软软乎乎，绵密柔和且有弹性，甚合我意。我特别喜欢米糕里的那股米香原味，味道像极了我们还当婴儿时吃的米糊。米糊也是用磨细的米粉加水和白糖，用小奶锅在明火上煮成糊状，只是相比水糕来说稀薄细腻多了。卖水糕的老板娘说，顾客基本上是买给老人或者小孩子吃的，我这不老也不小的人也特别爱吃，大概缘于小时候的记忆。

跟我一起来采风的摄影师，每回的选择都是油炸的灯盏馍和油堆，最好还是刚出油锅、香酥脆爽的那种。油堆和灯盏馍在柳州其他地方也可见，属于壮族传统风味小吃，在中渡也是日常小吃。制作这两种小吃的主要原材料都是糯米，均需先用糯米加水磨成米浆。

如要做油堆，需将磨出的米浆装入白布袋滤干水分，再加糖揉搓均匀，而后捏成直径 2 厘米大小的圆团，放入

沸腾油锅里的铜瓢馍　陈映月／摄

铜瓢馍、油粽　陈映月／摄

油锅炸膨胀呈圆球形，浮出油面、外表变黄即可。油堆还可做成有内馅的和外滚芝麻的。刚出锅的油堆皮薄中空，吃起来外酥里软，口感细腻，满嘴生香。出锅较久的油堆，外皮受潮变软，吃起来酥脆而略带韧劲，也很有嚼头。灯盏馍也很有特色，在磨好的米浆里加入适量食盐与香葱、胡萝卜丁等食材，搅拌均匀。将米浆舀入一种如灯盏的铁质模具，放进沸腾的油锅中，炸熟脱模即成。

另外，三角粽也是小吃摊上常见的食品。三角粽的做法，是先用粽叶把糯米包成扁平的三角形，蒸熟后剥掉粽叶，再将三角粽放进油锅中炸成金黄色即成，以外层香酥、内里软糯为最佳入口状态。基本上有油堆和灯盏馍的摊子，会把三角粽也一并做了卖。从降低成本的角度而言，开一个油锅，多炸几个品种，也是划算的，更何况品种越多，顾客的选择就越多。既是日常小吃，总会有固定的顾客，哪天少炸了一个品种，马上就会有人问今天怎么不做了。

在中渡镇九龙市场吃中午，对我们来说最优选的吃法是，先吃一个灯盏馍和一碗萝卜糕，也可以先吃一个碗仔水糕和 8 个汤圆；吃完之后再到粥摊，来一碗 5 元钱的玉米粥或白米粥，这是柳州特色的粥摊“自助餐”——让摊主打一碗粥，摊子上二三十样素菜任意吃。在不思饮食的大热天，这种吃法确实很畅快。记得几年前，有个朋友说要请吃“大餐”，一行人开车去往柳城方向。出柳州市区不久，这朋友突然朝烟尘滚滚的路边一指，说："到了！"那是一个很大的粥摊，几十个菜盘将桌面排得满满当当，众多食客围坐桌子一大圈，一个个喝粥喝得稀里哗啦，颇有江湖快意。摊上的每样素菜都能吃出食材本味，说实话，如果不介意飞扬的尘灰，这一大桌子的"满汉全粥"还真是不错。

中渡镇九龙市场上的粥摊"自助餐"虽然没有去往柳城路边粥摊的阵仗那么大，但胜在小菜炒得妙。吃得出来，每样菜都用心了，做得十分细致。单从切工上就能看出，并不因为是粥摊配菜就随意胡切乱砍，单说那碟中渡特色水蕹菜梗，摊主也是将梗子切得段段均匀，齐齐整整，加了米椒、食醋、盐糖等调料炒制，吃起来味道十分丰富。同行的摄影师说，坐在这里吃碗白米粥，感到特别幸福。

到了下午 4 点半之后，洛江两岸光影渐淡，当夕阳的最后一缕光斜洒到临江民居的一面墙上，古渡安静下来了。来游玩的人渐次离去。天光是一面筛子，过滤了那些意兴阑珊的游客，接下来就要把悠长的黄昏和夜晚交还给这里的居民。

河边几个洗衣妇人陆续拎着桶盆回家了。在自家门前的空地上，妇女满足地晾晒刚洗好的衣物。榕树下散落着几张木头小凳，洗衣人一般坐着小凳子洗衣服，一般人还不定坐得惯那些高度只有 20 多厘米的小矮凳。有的男性游客会有无处安放的肚腩，这使得他们只能把这些矮凳当作码头一景。

江边码头，众多古榕根系交盘成硕大的网状，在古城墙上泼洒如瀑，把残缺的城墙盘得严严实实，远看像一幅古画。

10余岁的阿志，沿着墙根，从这幅古画前经过，慢慢悠悠往前走。这条江边的路其实不能叫路，一开始只有1米左右的宽度，越走越窄，10余米后，路便没了，前面与旁边都是悠悠江水。路的末端仅剩尺把宽，刚好容得下阿志瘦小的身子，走到尽头，他坐了下来。

这是阿志常来的地方，这里有属于他自己的天地。古榕的枝叶在江面弥散，傍晚风起，枝叶过滤了一部分较为锐利的风头。在榕树下，人感受到的还是比较温和湿润的流动空气。阿志那纹丝不动的身影镶嵌在古榕与河流之间，这样具有亲和力的小环境，确实能让人待得很久。这样的环境对阿志来说，也是生活的日常。一两声倦飞的归鸟啼叫，江雾泛起的迷蒙，上游漂来的海菜花，都是他那小世界里的固定角色。

第一次见这个孩子坐在那里的时候，我在他身后站了许久，但不敢贸然上前，怕惊扰了他。终于忍不住远远地轻问一声："小朋友，你在那里做什么？"

他的身子微微动了，没有回头，也不回应。

半晌，我又喊一声："小朋友——"

他还是没回头，说了句："我等我伯爷。"

"你伯爷在哪？"我问。

"他摇船去上面了。"阿志一直看着前方。

"你伯爷什么时候才回？"

"等下就回。"

…………

我突然想起，可能见过阿志的伯爷。也许就是那个泊船于岸边、带我们逆流而上看海菜花的中年船夫。我记得船夫脸庞细长，有着和阿志一样清瘦的背影。阿志要等的人可能就是他吧，或者，也是

阿志的小天地　朱英玉／摄

江边休闲　陈映月／摄

和他一样的船夫。

中渡镇有个中心校，以前叫英山小学。住在镇上的孩子，有不少跟阿志一样，是从下面村屯上来读书的。还有一些家在古镇几条街上的孩子，他们的父母也往外去柳州市区里做事，留下爷爷奶奶辈的老人陪伴着小孩，守着一座老屋生活。大部分时间，孩子们在学校读书，平时在古镇街上能看到的，都是年纪偏长的居民和还没读书的幼儿。

阿志和其他读书的孩子一样，放学回来，也没有太多的娱乐，静静的洛江与茂盛的古榕是他成长的天地，这里承载着他与亲人之间紧密相连的惦念，也将成为今后他那一抹乡愁的原点。

后来几次见阿志，他有时不待在那条江边小路上，而是坐在古榕树脚，把头靠在树干上。听当地老人说，跟其他地方的一些乡村一样，中渡民间也有拜认古树或者山石为“契妈”的风俗。谁家小孩体弱多病，大人会根据孩子的“八字”，带孩子去拜认某个方位的古树或岩石为“契妈”，以求孩子能像顽强的大树、坚硬的石头那样，受得住风吹雨打，健康成长。这是家长对孩子祝福的方式之一。我也很想祝福阿志，愿这方洛江古榕天地，一直能为他的心灵遮风避雨。

东街上有个阿奶，我们在她家避雨时，吃过她做的豆腐花，特别清新滑嫩。她家的前厅和后厨之间，有一个长方形的院子，种有一大片芋檬，叶片硕大而青绿。肥壮的植物给她家老屋增添了生命的活力。阿奶说这是“白檬”，用晒干的白檬炒鸭肉，加姜酒、蒜米、干椒焖，开胃！“白檬”是广西人常食用的白芋檬，而不是野生的红芋檬。芋檬，也叫芋苗，是芋头的茎秆。有人专门种植这种芋头品种，不结实或结实小，只取其秆食用，素炒成芋檬酸，清香鲜脆，是下粥良品。

秋末冬初，天气晴朗干爽的时候，居民们喜欢在自家门前铺张布，在上面晾晒些油茶籽、茶壳、玉米、花生、笋干之类的农产品。北街阿叔晒的是屋后自种的红藤茶，他不拿这个卖钱，家里孩子、亲朋好友有个发烧上火、头疼脑热的，送一包给人家，那就是最好的关照了。这些晾晒的作物零零星星，东一块西一块，像布片缝补着古镇悠长的时光。

山水清音

▼隽秀的自然景观，奇特的地貌景观，以及有底蕴的人文景观，共同呈现了中渡的景观魅力。

喀斯特山水文化

柳州市具有典型的喀斯特地貌特征。由石灰岩构成的峰林峰丛奇秀俊逸，姿态万千，且山水相配，自然丰美。柳州市的喀斯特地貌主要分布在市区、柳江区、鹿寨县、柳城县、融安县和融水苗族自治县。其中鹿寨县西北部的地貌主要为峰林谷地，四十八寡山区就是喀斯特地貌的特征外显。

在地质资料的定义中，“喀斯特（Karst）”一词，源自南斯拉夫西北部伊斯特拉半岛上的石灰岩高原的地名。那里有着典型的岩溶地貌。岩溶是水对可溶性岩石（碳酸盐岩、石膏、岩盐等）进行以化学溶蚀为主，流水的冲蚀、潜蚀和崩塌等机械侵蚀为辅的地质作用，岩溶地质作用所产生的特殊地貌和水文现象，称为喀斯特地貌，在我国也称岩溶地貌。这种地貌形成一般需要具备几个条件：要有流动的水；当地的岩石具有可溶性，如石灰岩、白云岩、泥灰岩等；流水对岩石产生了溶蚀。在这样的条件下，经过亿万年的地质演变，各种奇特的喀斯特地貌才有可能形成。

喀斯特地貌在我国分布十分广泛。西南地区是我国喀斯特地貌主要分布区，其中云南、贵州、广西等地的喀斯特景观发育得最集中、最奇特、最壮观。

“喀斯特地貌”因近代喀斯特学科的建立和术语的提出始于喀斯特地区，故而得名。但事实上，中国人对喀斯特地貌的关注更早。早在明代，我国地理学家徐霞客游经广西、贵州和云南，在其游记中已记述这一带的石灰岩地形景观。对喀斯特地貌在我国的分布，他如是描述，“西南始于此（此指云南罗平），东北尽于道州（今湖南道县），磅礴数千里”。徐霞客对地下溶洞的描述是这样的，“始由洞口溯流，仰瞩洞顶，益觉穹峻，两崖石壁劈翠夹琼，渐进渐异，前望天光遥遥，层门复穴，交映左右”。

中渡地处鹿寨县西北部，喀斯特地貌景观类型十分丰富，有着众多的峰丛洼地、峰林谷地和残峰平原。在这里，峰林和谷地平行排列，形成狭长地带。有稀疏峰林，也有密集峰丛。有地下暗河溶洞，也有地上石山溶洞。

中渡境内山区有一处喀斯特地貌景观，被地质学家称为“中国南方热带岩溶地貌景观的缩影”和“天然的喀斯特地貌地质博物馆”，那就是鹿寨香桥岩溶国家地质公园。鹿寨香桥岩溶国家地质公园始建于1984年，总规划面积为41.07平方千米，核心区域面积4平方千米。这里发育着几乎所有的喀斯特地貌景观，有天生桥、天窗、峡谷、溶洞、石林等，这一带空气负氧离子含量很高，人在此处可尽情吸纳山水灵气精华，身心荡涤，铅华尽洗。地质公园内最为有名的是香桥天生桥，这一景观被作为典范收录进我国第一代《岩溶学词典》中。

天生桥是地貌在发展变化中逐步形成的拱桥形态景观。喀斯特地区的岩石被流水侵蚀后，先是形成溶洞，当溶洞顶部受重力影响，难以支撑而发生坍塌，坍塌后残留的形态往往跟拱桥类似。此为天地所造，自然而生，所以称为“天生桥”。有的非喀斯特地貌区，如丹霞地貌区等，也会有一些天生桥，但喀斯特地貌区内形成的天生桥数量要多得多。

水光如练落长松，云际天桥隐白虹。
辽鹤不来华表烂，仙人一去石桥空。
徒闻鹊驾横秋夕，谩说秦鞭到海东。
移放长江还济险，可怜虚却万山中。

这首《过天生桥》是明代王阳明先生谪居龙场期间所写。诗中的天生桥位于贵阳市修文县城西北的谷堡乡哨上村，当地称为“仙桥”。有人说，天生桥附近是古驿道，王阳明先生经过古驿道时眺望天生桥，看到其壮观景象而写；也有人说，天生桥本身就是驿道的一部分，王阳明先生常行经此道，有感而赋诗。

鹿寨香桥岩溶国家地质公园里的天生桥名为“香桥”。

别有洞天　中渡镇人民政府 / 供图

香桥之下　陈映月 / 摄

川流不息　陈映月 / 摄

2024年，我们去看香桥正是三伏天。经过烈日炙烤的裸露地表，我们来到一个溶洞口，清凉之气如水一般从洞里漫溢而出。溶洞精巧秀丽，洞内悬挂钟乳石，还有各种石帘石幔，石上有细密的水珠沁出。这段宽约20米，长约60米的溶洞，是去往香桥流水必经的一方清凉世界。一般在溶洞里，我很少去过度打量和费心揣摩石景对应的世相形态，如此一来容易物我两分，反而将自己排除于佳境之外。只有全然接纳，全然融入，亿万年的地质历史长河方可瞬间消弭于一个回眸之中。出到洞外，跟洞内相比，感到些许暑气袭来。毕竟山中草木葳蕤，林鸟缓啼，岩礁遍布，碧潭偶现，因而内心的清静有增无减，丝毫未受侵扰。

顺着幽谷上行不远，但见一座巨大的天然石桥飞架于峡谷之上，雄伟壮观，遗世独立，这就是香桥天生桥。香桥拱高三四十米，长度约40米，桥身目测厚约10米。桥下清流跌宕于涧石间，水石相击，喧哗一片。至此往下，水势迂回暂缓，可目送其蜿蜒消隐于山麓之中。

我们在香桥之下小坐喝茶，静待良久。从一开始感受水响飞音的激荡，我慢慢将心律调至与流水同频，渐觉激流本无激与不激，唯人心摇摆不定罢了。如此想来，香桥岩壁上由清代文人墨客所刻的“桃源真境”，字面为“真境”，实可理解为“心境”。

韦晓萍有《香桥仙境》诗云：

香桥俯卧四山中，古洞新开两径通。
波涌一弯腾玉蟒，乳融九曲隐金龙。

烟浮树杪青还白，霞映崖头翠又红。
指点洛源幽胜处，满天花雨满天风。

依诗中描述，可见山中“玉蟒”“金龙”亦腾亦隐，“烟霞”“雨风”漫天飞洒。好一处洛源胜境！此处“香桥仙境”，正是中渡八景之首。

同样在鹿寨香桥岩溶国家地质公园内，距香桥约 1 千米，还有一处水旱兼具的溶洞，据说因洞内有九曲弯折，故名九龙洞。九龙洞的旱洞部分长 4 千米，有 3 个支洞。洞内滴水聚石，藤岩相绕，双池相映，游龙若现，具有奇特而隐秘的气氛。

距地质公园约 5 千米处，是洛江峡谷尾段的响水瀑布。这是国内罕见的大型低水头面状瀑布，也属于喀斯特地貌景观。这种景观的形成，是在合适的条件下，含有碳酸氢钙的河水中的钙质沉积，形成石灰华金滩和边石坝，石灰华分布不均匀致使河床坡度呈阶梯状逐级下降，最终呈现低水头瀑布沉积地貌。响水瀑布总落差有 10 余米，宽 80 至 100 米，长约 1000 米，自上而下由 4 个长滩组成。丰水季节瀑布倾泻，水声轰鸣。有文人作诗云：

响水全景　中渡镇人民政府 / 供图

泉水冰清出翠微，

六弯九曲傍山隈；

飞流直泻莲花石，

十里闻声似隐雷。

清泉似莲，浪击如雷。刚柔相济的洛江之水，积聚十里八湾的地质能量，在此出露奔涌。此为中渡八景中的又一胜景——响水涌泉。

响水涌泉附近，还有一处显著的喀斯特地貌，为响水石林。石林面积约 4 平方千米，属于典型的埋藏型石林。对于响水埋藏型石林，2015 年中央电视台科教频道曾经进行过特别报道。

在漫长的地壳运动中，石灰岩受到力的挤压作用，在垂直方向上产生多条缝隙并形成网状，水顺着缝隙下渗，逐渐溶蚀出一条条石柱，地层再发生断裂抬升，石柱出露地表而形成石林。在广西，出露地表的贺州玉石林就很有特点，由汉白玉石柱、石笋组成，剑峰奇峻，峭壁林立，十分罕见。而响水石林的“料体”虽不及贺州石林的汉白玉石柱，但因其形成及发育均处于地下，从这个层面来说同样十分罕见，也是有自己风格的。经查阅鹿寨旅游相关资料得知，响水石林大约形成于第四纪时期，源于露出地表的可溶性基岩被雨水长期溶蚀溶解，发育成石林的雏形。随着岁月的推移，周边高地溶蚀、腐蚀的残余物不断覆盖，石林在表层岩溶带内持续被地表水和裂隙水溶蚀溶解，周边残余物逐步将其深深地埋藏，石林在土层下继续被裂隙水溶蚀溶解，逐渐构成形态各异的石林，后因人工开采发

西眉山古炮楼　中渡镇人民政府／供图

掘才露出地表。由于是开采发掘才出露，所以我们在现场看到的响水石林“个头”都不太高，呈细细密密的簇状，比较具有“亲和力”。

隽秀的自然景观，奇特的地貌景观，以及有底蕴的人文景观，共同呈现了中渡的景观魅力。

八景中的鹰山与西眉山，是中渡镇北靠西倚的两座山。鹰山似鹰，中渡又叫“鹰山”（后称“英山”），名出于此。“半夜山雨过，起来满山月。”皓月当空，鹰山披覆银辉之时，假若有人面山而思，想必应与《山中夜坐》的刘驾一样，似有几分醉意，却无丝毫怅然。而西眉山，跟洛江之水一样，有着刚柔并济之风。西眉山呈东北至西南走向，长约

响水石林　陈映月／摄

朝阳村独寨屯　中渡镇人民政府 / 供图

800 米，海拔 198 米，整个山体为石灰岩。山顶的古炮楼里设置瞭望孔、炮孔和枪孔。如今的西眉山，炮楼枪声已远，唯见山体俊秀，草木葱茏。在雨后放晴的清晨，云雾萦绕山头，任谁走在中渡古民居中的哪条街巷，只消一个抬头，便会遁入山上那片迷离仙境之中。

擎天一柱起平畴，
独秀凌霄眼底收；
水绕村环峰叠彩，
只疑身在画中游。

这是潘文经诗中的中渡八景“独秀凌霄”。这个孤峰良田、村落依依的景观，我看着倒是欢喜、感动的。从柳州市区每次往来于中渡，总途经此处。在朝阳村独寨屯旁，一座于千顷良田中拔地而起的孤峰，看起来是有些任性可爱的。我对摄影师说，在喀斯特地貌中，这个任性的孤峰其实算个“老人家”了。摄影师答，孤峰周围簇拥着一群

中渡八景之洛江春汛　中渡镇人民政府／供图

大兆村石祥屯 AAAA 景区“祥荷乡韵”
中渡镇人民政府 / 供图

民居，这么说也是个儿孙满堂的“老人家”。

地质研究认为，在溶蚀的初级阶段形成的基部完全相连的群峰为峰丛；随着时间推移，溶蚀程度增加，山峰逐渐出现基部独立，便成了峰林；溶蚀后期，峰林被分割，山峰距离渐远，出现了单个零散的孤峰。也就是说，在溶蚀过程中，如果把峰丛、峰林的演化过程比拟为人的生命进程，那么孤峰应该就是“老人家”了。当然业内后来还有另外的看法，峰丛与峰林并非于前后时间发育形成，而是同一时间不同空间所生成，这是另外的话题。

此外，中渡八景还有“洛江春汛”“龙潭秋月”“东岭

晴岚”几处。《鹿寨县志》中记载中渡文化名人陈宝轩先生于民国初年在赛诗会上所写七律，将中渡八景尽收笔底：

西眉秀镇台临空，风起鹰扬间气钟。
白塔仙翁劳蝶梦，南潭赤鲤快登龙。
雷惊瀑布三千浪，霁后岚横十二峰。
微持麒麟山有色，擎天一柱起鸿蒙。

在中渡，每一处风景都是一首流动的诗。山水因人文而有魂，人文因自然而得韵。

位于“稻花香里”农业观光区的艺术稻田
中渡镇人民政府／供图

摩崖石刻与碑刻

“刻石之特立者谓之碣，天然者谓之摩崖。”中渡的摩崖和碑碣有着丰富的历史内涵和史料价值，是中渡人文历史的一个重要组成部分。

中渡镇朝阳村拉敢屯背后山上的拉敢岩内，有一摩崖石刻，名为拉敢岩摩崖石刻。整座山为石灰岩质，拉敢岩距山脚地面约 10 米，岩口高 10 米、宽 9 米，进深 25 米，岩内地面较平坦。此岩原叫“尼姑岩”，据当地老人传说：北宋时有尼姑住于岩内，故而得名。岩内原有观音大士像，历代香火旺盛。岩右侧有石刻两方，相距约 3 米。一方高 45 厘米、宽 43 厘米，楷书，落款为“宋淳熙甲午年”(1174 年)。时当地名僧佛佑与桂林进士蒋连陪同大臣王仲显来游此岩，王仲显题词，蒋连作记，佛佑刻石，当地群众又称此石刻为“三绝碑”。另一方为一“寿”字，高 120 厘米，宽 86 厘米，也是楷书，是曾任中渡县县长的梁恒义 1942 年 70 岁时来游此岩所书。

明清时期，在中渡境内发生过几次影响较大的农民革命战争。其中韦良要、韦朝义起义，以及太平军回师广西经过中渡时发生的战斗等，在中渡都“落石有痕”，有摩崖和石碑印迹，沿着这些痕迹，可追溯那些风云变幻年代所发生的历史故事。

在中渡镇大兆村旧县屯旁的铜盆山上，有中渡摩崖中最具有时代烙印的铜盆山摩崖石刻。铜盆山摩崖石刻为明朝万历年间的石刻，长 4.5 米，高 2.5 米，上端为“一方保障”四个楷书大字，左侧刻有“一方保障”四个小字。铜盆山摩崖石刻亦称“平蛮碑”。“蛮”是我国历代封建统治者对少数民族的蔑称，“平蛮碑”即封建统治者在“平蛮”战役后为自己歌功颂德的庆功碑。铜盆山摩崖石刻的文字记述了明隆庆年间至万历元年（1573 年），广西农民起义风起云涌，执政者大为震惊，朝廷派遣大将俞大猷，调集

铜盆山摩崖“一方保障”　陈映月 / 摄

铜盆山摩崖石刻　陈映月 / 摄

广西左、右江及湖、浙官兵 10 万余人，前来镇压当地壮、瑶人民聚义抗争的事件。透过石刻上斑驳的字迹，我们仿佛看到那些血雨腥风的场面。

历史要先追溯到明弘治五年（1492 年）。据《鹿寨县志》记载，这一年，古田人民在韦朝威（壮族）、覃万贤（瑶族）的领导下举行起义。明朝官兵 47 000 人围攻古田，遭义军袭击，闻风丧胆。义军首战大捷，声威大振。正德二年（1507 年），韦朝威在一次战斗中不幸牺牲。正德十三年（1518 年），韦朝威的儿子韦银豹为了替父报仇，起兵挑起反抗明朝统治的重担。

自正德十四年（1519 年）至嘉靖四十五年（1566 年）间，韦银豹指挥义军，于桂北、桂中一带不断取得战斗的胜利并建立古田根据地，声威大振，鹿寨境内人民纷纷响应，协同战斗，除直接参加义军外，还截断清江水道，封锁官兵来往船只，给义军很大的支援。明朝官兵心急如焚，多次"围剿"义军，却屡战屡败。

隆庆三年（1569 年），明朝统治者深感局势严重，决心再度征讨。隆庆四年（1570 年），调集湖南、浙江、福建、广西官兵围攻古田。官军从 7 条线路向古田发起总攻，由于力量悬殊，义军节节败退，坚守于山区，在溶岩洞穴中与官军不断周旋，终因不敌官军而退至潮水、马浪、若水一带大石山区。

隆庆五年（1571 年）元月，官军再次发动进攻。同年 3 月的一个深夜，在滂沱大雨的隐蔽下，官军摸黑偷袭，义军首领之中的黄朝猛和韦银豹之子牺牲。不久，因叛徒出卖，韦银豹被捕。至此，轰轰烈烈的古田农民起义被当朝统治者血腥镇压下去。官军大征古田，义军牺牲了 7460 余人，被抓走的无辜百姓不计其数。

古田起义失败后，明万历元年（1573年），韦银豹余部在韦良要、韦朝义的领导下，又举行起义。周围一带的瑶、壮族群众纷纷响应。官兵镇压义军，发动总攻，杀害义军将士2800多人，韦良要、韦朝义起义失败。

明朝统治者镇压了韦良要、韦朝义起义后，刻石立碑纪事，为自己歌功颂德，称自己为“一方保障”。铜盆山摩崖，见证了农民起义军与明朝统治者顽强斗争的历程。

还有一块石刻，与铜盆山摩崖一样，也烙下了当朝统治者残酷镇压农民起义的印迹。这是一块重约70吨的巨石，名为“京观”，位于中渡镇大兆村旧县屯西郊山麓。“京观”，在古代是战胜方为了炫耀武功，将战败方阵亡者的尸体积聚覆土夯实而成的高冢。原“京观”二字字径70厘米，为明万历三年（1575年）明朝统治者镇压中渡、平山一带农民起义军后所刻。原石刻已于“文革”时被炸毁，后鹿寨县文物管理部门在中渡镇大兆村旧县屯附近的一处石崖上，按1∶1的比例复刻“京观”二字。

三门隘摩崖石刻位于中渡镇背塘村东北方向500米处的牛角坳山路边，高约100厘米，宽约70厘米，字径约7厘米。牛角坳为旧时百寿县西出柳州、宜山古道之一。据当地老人口述，清代常有湖南人在这一带以开山打石、烧石灰为生，太平军回师广西时多次经过这里，因其军纪较好，这里的石匠们遂在一巨石上刻“全州石匠十名为记，太平军好行，□□年二十七日闰月”等字，意为祝福太平

京观石刻　陈映月 / 摄

军将士一路好走。

在鹿寨香桥岩溶国家地质公园里，香桥上、岩壁上也有不少石刻，为清代至民国时期一些游人到此观光所留。其中的“世外桃源”“桃源真境”属清代摩崖石刻，表达了游人对香桥胜境的赞叹。园内刻石“香桥岩”为近代著名书法家黄独峰所题。香桥岩壁上有一首诗：“香桥洞内有神仙，到此惊疑别一天；桥上逍遥惟野叟，河边游玩打渔船；

鹿寨香桥岩溶国家地质公园内的摩崖石刻
中共鹿寨县委宣传部／供图

蟠桃倒吊千秋在，石径藤磐石壁悬；樵子扒山身已倦，归来犹向竹林眠。”这首诗是清代光绪年间，中渡一名专管水利的官员在游览香桥后有感而发所创作，诗中可看出，无论是逍遥的“野叟”还是休憩的“樵子”，均在香桥这一“桃源真境”里寻得自在之处。

与古镇群众生活最贴近的当属东门码头碑刻、石刻。东门码头（大码头）上有碑刻两块、石刻一方。一块碑刻内容为时任中渡知事的钟秀杰发布的《中渡县公署布告》，碑高 130 厘米，宽 70 厘米；另一块碑是潘韦氏义渡碑，所刻内容是《义渡记》，也由钟秀杰撰写，碑高 137 厘米，宽 85 厘米，厚 15 厘米，这块碑原立于河东岸，后因时代变

东门码头石刻标志牌　中共鹿寨县委宣传部 / 供图

迁受损而被政府部门收存起来。一方石刻为洛江石刻，在码头东岸江边的一块石头上，此石刻高 40 厘米，宽 80 厘米，为民国十四年（1925 年）时任县长、中渡人梁恒义亲手刻写。

此外，在凤凰山中部还有两块摩崖石刻，与东门码头的碑刻、石刻都属于民国时期所刻。

中渡的摩崖石刻与碑刻散布于崖壁、岩洞、江岸、路边，形式多样，内容丰富。它们有的记录和反映了当地历史事件、社会变迁，有的展现中渡的自然风貌与文化内涵，为研究中渡政治、军事、人文历史提供了宝贵的实物资料。

铜盆山摩崖石刻和“京观”石刻，都承载着宏大的历史事件，佐证了壮、瑶农民起义顽强的抗争精神，是研究明朝统治者与岭南少数民族关系、考证桂中境内农民起义的重要史实依据。东门码头上的碑刻《中渡县公署布告》也同样具有纪实性，革除县政积弊、废除苛捐杂税的公告内容，既反映了时任县长钟秀杰一心为民、果决执行的情怀和能力，也透露出当时社会的政治、经济、文化等多个方面的信息。

中渡摩崖石刻具有一定的审美情趣。鹿寨香桥岩溶国家地质公园香桥岩上，游人所留的四字石刻，宛如书法小品，清雅秀丽。码头东岸江边的洛江石刻，字迹不俗，简洁舒缓。这两处石刻最大的特点是，在岁月的流逝中，静默地与周围环境和谐共存，融为一体。

通过对这些摩崖石刻与碑刻内容的解读和分析，我们可以更深入地了解中渡古代社会的政治、经济、文化等多方面状况，为相关学科的研究提供新的视角和思路。同时，摩崖石刻与碑刻的保存和展示，也促进了文化遗产保护事业的发展，提高了公众对文化遗产保护的意识和参与度。

古韵流长护未央

古镇是历史长河中璀璨的明珠，承载着丰富的物质文化遗产与非物质文化遗产。古镇往往有着独特的建筑风格、古朴的街巷布局和历经沧桑的古建筑群，还有世代相传的民俗活动、特色手工艺、传统表演艺术以及深厚的民间信仰等。对古镇进行保护与发展，不仅是对历史的尊重与传承，更是促进文化多样性、提升民族自豪感和文化自信的重要途径。

“保护与发展”这个话题，已经热了 40 多年。在业界有个流传甚广的“阮仪三刀下救平遥”的故事，发生在 20 世纪 80 年代。在山西的平遥县城，几台挖土机日夜轰鸣，不停工作，千年的老城墙被扒开了一个大口子，许多明清时期的建筑轰然倒下，一条崭新的大马路正准备横贯县城。当时还只是一个大学讲师的阮仪三带着 11 名学生赶到了平遥，找到当地的建委领导，心疼地大喊“刀下留城”。后来他又到北京搬救兵，找到了相关部门领导。在他苦口婆心的劝说下，挖土机终于停了下来，另辟新区进行开发，后来成为世界历史文化名城、吸引了无数游客的平遥古城才得以保全。从那以后，古镇保护与开发的价值逐渐被重视，从“四大古城”到“江南六镇”，从“彩云之南”到“塞北雄关”，一大批满含底蕴、各具风姿的古镇成功出圈，吸引了大批游客前去参观。后来，越来越多的地方政府和专家学者，开始探索对当地古城镇进行保护与发展的路径。

中渡镇是山水营城的典型案例，有着背山面水、负阴抱阳的古代城镇山水格局。它还是中国古代军事防御发展的见证之地，不仅有完备的“城河一体”军事防御体系，也是古代护城河体系发展至近现代城墙炮楼防御体系的样本和缩影。此外，旧时水运商贸、渡口文化，今昔多元民俗文化传承与活化，以及喀斯特山水地貌精华等，都彰显古镇具有极高的历史价值、科学艺术价值和社会经济价值。对于这样一个底蕴深厚的千年古镇，如何进行保护，走什么样的发展之路，值得我们认真思考。

我们要保护什么？保护中渡作为历史文化名镇的历史文化价值、艺术价值和科学价值，保护古镇传统格局、历史风貌、山水环境和景观视廊，保护其不可移动文物和历史建筑等文化遗产，以及保护和传承非物质文化遗产、优秀传统民俗文化等。

具体来说，要保护古镇的山水自然。中渡依山傍水，优越的地理环境是古镇的核心魅力。保护与古镇、村落和谐共存的自然山水格局；保护喀斯特山体千姿百态的自然景观，包括香桥天生桥、峡谷、九龙洞等主要地质地貌遗迹；保护以洛江为主体的自然水系形态。

要保护古镇的公共空间。广场、渡口、街巷，甚至一棵古树，都承载着古镇居民的集体记忆。古镇以武圣宫为核心，东西南北街和横街五条街道延伸开来，形成轮辐状的整体空间格局，这是古镇肌理的基本骨架，也是重要的历史留存。

要保护古镇的历史建筑。其中包含自治区级文物保护单位中渡古建筑群，县级文物保护单位中渡武圣宫、罗公馆、钟秀杰故居、香桥岩摩崖石刻、“京观”石刻、铜盆山摩崖石刻等，以及背塘屯覃氏祠堂、梁寿笙墓、塘藕屯石拱桥等一批不可移动文物。历史建筑是古镇历史信息的真实记忆，集中体现了古镇的文化价值和特色，必须保护修复好。对古镇保护范围内的每一处历史建筑，在登记造册的基础上，对其建筑类型、建筑风貌、建筑保存度及历史文化特征进行评价分析和归类，决定其保护等级的划分和保护措施模式的选择，是保护的基础。此外，新建筑是古镇发展建设的产物，是古镇建筑文化的丰富和延续，为保证古镇历史风貌不受破坏，必要时对新建筑进行整治和控制引导，使其与老建筑相协调，如新建筑形式要采用传统院落的形式，遵循传统院落格局及尺度、体量等。

要保护古镇的非物质文化遗产及优秀传统文化。对于非物质文化遗产中渡和家宴、中渡干切粉制作技艺和中渡镇平山山歌以及其他优秀传统文化，运用文字、录音、录像、数字化多媒体、网络等多种方式进行记录与建档，并进行展示宣传，扩大非物质文化遗产的影响力和知名度，让社会更多的人共享优秀文化遗产的魅力。在这之中，建立非物质文化遗产传承机制、扶持与培养传承人也十分重要。

在保护的过程中不能忘记的是，中渡应当首先是中渡人的中渡。中渡古镇的保护不应成为古镇居民生活发展的负担，而应当是古镇居民生活中的财富。所以，首先须重视改善居民的栖居环境，在此基础上，加强居民对古镇历史文化的认同，让他们对地方文化和生活环境产生自豪感，从而主动参与古镇的保护。可采用诉说与倾听、图表，召开公众听证会，讲解等多种形式，让居民了解古村镇保护规划和实施的政策，保障居民对古镇重大问题的知情权，增强他们参与保护古镇的决策机会，也让居民成为古村镇发展事业的核心力量。

我们应该怎样发展？所有的发展都应当以“参与者”而不是“创作者”的角色进行，尊重中渡的历史和文化，将重点放在梳理历史脉络和点化象征上，尽量展现出“什么是中渡古镇”，而不是主观地创作，试图去装点。我们所有的发展都应该是“可持续发展”，避免过度商业化、庸俗化，让古镇有自我发展和自我更新的能力。

对于古镇的历史文化遗产，要尽可能真实地保护古镇区内的自然环境、街巷系统、水系和整体空间尺度、历史文化风貌和居住生活形态，整体延续古镇的历史发展脉络；同时，依据不同的历史、价值、现状特点、空间类型，采用分类保护的方法，达到“小改动，大变化”的效果。

对于经济发展与旅游开发，应根据古镇的特点选择合适的经济发展模式，防止无序和过度开发，要保护发展古镇原有的手工艺和其他传统产业。合理利用古镇文化遗产资源发展旅游业，但应符合保护规划和古镇特点，避免对遗产保护和当地居民生活产生不利影响。

我们可以发展什么？中渡古镇是中国首批特色小镇、历史文化名镇，以适度的旅游开发带动古镇的保护是一种很好的发展方式。我们可以通过功能重构和象征点化的方法，编织属于中渡的独特空间语境，立体再现中渡古镇的历史地理社会环境，还原出一个具有独特韵味的中渡古镇。

首先是对山环水抱、怡情养生的康养环境价值的挖掘。结合以“中渡八景”为代表的优美自然景观，让游客体验喀斯特地貌雕塑下山环水抱、氤氲集结的生态之境。

其次是对具有韵味的民俗风情的生活空间活化。重塑以码头为代表的水环境，再现古镇渡口文化的繁华；改善古树名木的景观环境，让游客在古榕树下重拾历史的遗绪，形成旧时江岸渡口景观系统；打造城隍庙会、和家宴等民俗风情活动，展现一个现代化浪潮中安静祥和充满人情真味的质朴之地。

再次是“武备文化”特色从内而外的历史空间传承。疏通被民居隔断和部分堵塞的护城河，恢复原有的古城墙，让游客们体会当年的攻防喧嚣；保护和改善武圣宫及前广场，展现古镇的忠义内核；结合西眉碉楼塑造公园，在风景眺望中感受历史的视野；修缮钟秀杰故居等，展现中渡人革命奋斗史。

除此之外，梳理非遗项目及传统手工艺品类，挖掘其背后的价值空间与情感体验，将它们整合串联，形成具有地方特色的研学旅游系列产品，增强它们融入新时代的生命力。

保护是一种历史继承的责任，发展则是一种现实社会的责任；“保护”是“发展”的红线，“发展”是“保护”的目的。保护古镇，就是保护我们的文化根脉和历史记忆；而发展古镇，则是为了让这些宝贵的文化遗产焕发新的生机与活力。中渡古镇是一个完整的生命体，她历经千年，饱受风霜，却也越来越鲜活，越来越具有魅力。我们应当怀敬畏之心，深思慎行，不负时代赋予我们的使命！

后记

中渡这样一座千年古镇，是一部缓慢行走的史书，也是乡土文化的标本。

记得十多年前我初次走进中渡古镇，在巷子里的一家民居前逗留，透过腰门，从敞开的大门向里探望，目光越过了门厅，穿过细长的走廊、天井，屋里的光线明了又暗，暗了又明，层层叠叠，看不到尽头。

当时正值天地始交、万物并秀的立夏，那户人家的天井里蓬勃地长着几簇绿草。可能主人已将它们当作家中一员，或者说，这是天井构成的一部分。要是少了这些星星点点的野趣，整个空间的生机大概要打折扣。

这么多年过去了，类似的场景在这座古镇的民居庭院里依然存在。不同的是，当我回溯岭南民居建筑文化的源流，深入了解其历史背景与建筑特色后，再来看这渐入渐深的狭长房屋，便理解了它的前世今生。

此外，当年印象中，巷道里鲜见来回走动的居民。他们似乎被凝固在某张古旧的画片里。现在也如此，一些坐在门外闲谈的人，十分娴静，不因为自己是主人而恣意喧哗。他们偶尔起身缓缓走动的节奏，把时间都拉长了。古镇千百年来的风云变幻，就在这种举重若轻的状态中渐渐消解，或者沉淀。

这次有幸应漓江出版社之邀，得以在这套关于广西村落文化的丛书中，解读中渡这座中国历史文化名镇。中渡有着深厚的人文底蕴及独特的地理风貌，此前不乏诸多妙笔佳文对其描摹盛赞。而我想在此基础上，以具体的事物为起点向外延展，拓宽视野，加入更多相关内容，在集中与扩展之间转换，让时间与空间在此纵横交错。有人说，这有点像同时用显微镜、广角镜和望远镜来观察写作。当尝试用这样的方式重新整合解读中渡时，我发现尽管文字所呈现未必尽如人意，但在此过程中，自己是获益匪浅的，也因此感受到更多的力量。

首先，在纵向的时间脉络上，中渡是一个十分古老的生命体。早在1750多年前的三国时期，中渡的血脉就开始生成显现。当时有常安县，县治就在今天的中渡镇马安村。而后此地经历清设抚民厅，新中国成立后经合并、撤区设乡，再成立公社等，最后尘埃落定为中渡镇。这一系列行政区划演变，留下了中国历代社会发展的印记。

其次，在时间的脉络上集中主题，往横向的空间扩展，可看到古镇人文历史、地理风貌、生产生活等方面诸多耐人咀嚼的细节。比如中渡曾经具有颇强的存在感，这跟其自然地理紧密相关。历史上的中渡，占据着三县交会和洛江、洛清江两江交织水运中转的枢纽地位。了解这一历史的同时，拓展探寻其地形、地质、气候、水资源等自然要素。又如在采集中渡的岭南民居特色、稻作物产、渡口文化、山歌传承等内容时，溯本求源，挖掘与之相关的中国传统文化概念，这个探索同样也在时间的流向里进行。

所以说，时间蕴含空间，时间亦在空间里。在时空交织之中，我们能看到古镇生命风貌的饱满状态。

此外，还有写作者的情感角色与古镇场景两条线的和合。为了不让文字成为枯燥的史料堆集，我偶尔添加自己的动线和抒发情感，如在描述中渡干切粉时，我引出了乡愁的话题，每个人都有自己的乡愁，这样的个体情感与古镇的漫长历史交织，虚实腾挪之间，行文或许会产生一种势能。

十分感谢在采风与写作过程中给予我帮助的人，特别是无锡拈花湾文化旅游发展有限公司设计总监庞科先生。庞科先生长期专注历史文化建筑保护与利用相关工作，他研究并提供的关于中渡“空间布局”“武备文化”“渡口文化”“保护与发展”等主题，是本书不可或缺的内容，对成书起到了重要作用。还有鹿寨县博物馆馆长黄小斌先生、中渡镇便民服务中心负责人江林林女士，他们长期浸润于基层，对中渡人文风物十分了解，经过他们的帮助，提供相关素材，本书得以顺利完稿。

因为遇到诸多良好机缘，我才能够运用自己的方式和视角，透过厚重的历史烟尘，进入中渡那些清远淡然的民生日常，去跟这个千年古镇对话。

主要参考资料

1. 广西壮族自治区通志馆编，《广西重点镇志》，广西人民出版社，2004年。
2. 《柳州百科全书》编纂委员会编，《柳州百科全书》，线装书局，2020年。
3. 鹿寨地方志编纂委员会编，《鹿寨县志》，广西人民出版社，1996年。
4. 鹿寨县地方志编纂委员会编，《鹿寨县志（1988—2005）》，线装书局，2019年。
5. 鹿寨县地名委员会编，《鹿寨县地名志》，1982年。
6. 黄小斌主编，《鹿寨文化遗产》，广西科学技术出版社，2019年。
7. 政协鹿寨县委员会《文史资料》编委会编，《鹿寨文史资料》。
8. 中共中渡镇委员会、中渡镇人民政府编，《中渡风情》，2007年。
9. 宋庆刚编著，《鹿寨风情山歌选》，中国文化出版社，2024年。